+ 畅销全球的领导力提升手册 +

Why Motivating Doesn't Work... and What Does

这样的激励才有效

（美）Susan Fowler 著

戴维 译

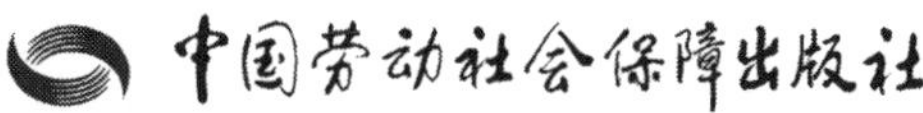

图书在版编目(CIP)数据

这样的激励才有效/（美）福勒（Fowler. S.）著；戴维译. —北京：中国劳动社会保障出版社，2015

ISBN 978-7-5167-2128-5

Ⅰ.①这… Ⅱ.①福…②戴… Ⅲ.①企业管理-人事管理-激励 Ⅳ.①F272.92

中国版本图书馆 CIP 数据核字(2015)第 276480 号

中国劳动社会保障出版社出版发行
（北京市惠新东街 1 号 邮政编码：100029）
*
北京市艺辉印刷有限公司印刷装订 新华书店经销
787 毫米×1092 毫米 16 开本 10.5 印张 145 千字
2016 年 1 月第 1 版 2016 年 1 月第 1 次印刷
定价：28.00 元

读者服务部电话：（010）64929211/64921644/84643933
发行部电话：（010）64961894
出版社网址：http://www.class.com.cn

前　言

（肯·布兰卡德撰写）

我始终青睐最先进的领导方式。30多年以前，我们引进了“情境领导Ⅱ”（SLⅡ），它革新了管理者们过去的领导方式。在本书中，苏珊·福勒引进了“激励范围”的模型，该模型将革新领导者们对激励的想法，并改善他们的领导力。

我对本书中的思想引以为豪。苏珊研究并应用激励这一学科已达20年。她和大卫·费希、德瑞·齐格密以及肯·布兰卡德公司共同开发了首创的“最佳激励”培训体验，并与具有开拓精神的领导者和全球几千位来自商界、政府和非营利机构的人们一起进行了实地测试。让我感到兴奋的是，这些真实世界中的故事和例子显示了这种独创的激励方法非常有效。

我想，你一定和我一样对这些观点感到十分兴奋，因此，我需要提醒你，我们多年以前就知晓的东西。在我们教授“情境领导Ⅱ”的早些年里，我发现领导者们一旦离开培训课程之后，就急于在工作中实施他们新学到的技能。他们立刻将这些概念付诸行动，而不向雇员们解释他们在做什么，这让我们感到很惊讶。他们遵从“情境领导Ⅱ”模式，不随意向一位自力更生的成功员工提供任何指导或支持，不干涉她做自己的事情；而是对一位无经验的、充满热情的、刚进入行业不久的员工提供指导，并对其进行密切的监督。当这两位员工在餐厅里一起吃饭时，经验丰富的员工说她已经好几周没看到主管了；而经验不足的员工说：“这不奇怪，因为主管一直在我的办公室，我不知道我到底做错了什么”。

在我们多年的研究中，我们多次提醒领导者们“领导力不是你施加在别人身上的东西，而是你与别人共同完成的东西”。苏珊在书里提到的观点和“情境领导Ⅱ”彼此互补，这一点非常吸引我。其中一个模型“激励范围”是最前沿的科学之一，而另外一个则是当今世上最常用的管理模型。这两个模型教给领导者们具体的行动和语言，帮助人们成长、学习、高效工作，以及获得最好的发展。它们都需要你与自己所领导的个体进行对话以及直接沟通。

当领导者们告诉我“他们没有时间和下属们进行有意义的对话”时，我被他们逗乐了，同时又感到难过。我不得不好奇，对于他们来讲，作为一个领导者意味着什么。我将在书最后的“后记”里对你提出一些希望：希望你能时常再次思考“领导力”对你以及你领导的员工来讲，究竟意味着什么。

目　录

引言：不要再用胡萝卜鞭策你的下属

你在阅读本书时，是否充满了动力？你可能觉得这是个愚蠢的问题，因为你正在读这本书。我也认为这个问题很愚蠢，但或许是出于一个不同的原因。

询问你“是否有足够的动力”所引出的问题要远多于你给出的答案。你会使用什么标准来衡量自己是否受到激励？如果我请你判断你的一位同事是否因受到激励而阅读此书，你会如何得出结论？你将如何评估另一个人的动力？“动力”究竟是什么意思？

多年以来，我个人对“动力”一词的定义只不过是“付诸行动的能量”。结果，我的定义和其他你能找到的有关“动力”的 102 条定义拥有同样的致命缺陷。有人将动力看作是“完成某个行动所需的能量和冲力”，但这种看法不能表达人类动力的重要本质，这种定义无法帮助你理解行动背后的原因。

提出正确的问题

回到我一开始提出的问题，你在阅读本书时，是否充满了动力？这显然是个错误的问题。那么我换个问法：为什么你有动力阅读此书？我可能已经了解到，你之所以正在阅读这本书，是因为你严肃地对待自己“作为一个领导者”这件事，并且你正在努力激励某一位下属。你希望这本书会解开自己在激励员工时所遇到的难题。或者我可能了解到你读这本书的原因仅仅是部门上司要求你读，你担心如果不照做的话可能会发生一些不好的事情。两个很不同的被激励理由能够产生不同质量的动力。我不会问你是否受到了激励；相反，我需要提出一个不同的问题，揭示你行动背后的理由。

当我们在探索动力的本性时，会发现一个重要的事实：人们始终被激励着。所以，问题不是人们“是否被激励”，而是他们“为什么被激励”。

一个人在任何一个活动里所拥有的“激励”，或者说能量和动力在质量上可能会有所差别。人们被激励的一些理由可能是为了自己或他人能够过上更好的生活；可惜，有些理由则不是这样。

- 决定去做某事的动力不同于不得不去做某事的动力。
- 从价值、目的、爱、喜欢或热情中产生的动力不同于从自我、权力、地位或对外界回报的渴求中产生的动力。
- 因为渴求自身的进步（通常有某种“分数”来反馈你在成长、学习和执行方面有多么成功）而产生的完成任务的动力，不同于因为想要在竞争中打败某人、给别人留下某种印象或获得好处而产生的动力。

激励他人而不起作用的主要原因之一就是我们天真地以为动力是一个人有或者没有的东西，这使得我们得出错误的结论：一个人越是有动力，他就越有可能达到目的或者获得成功。一说到动力，就认为“动力越大越好”，这个想法过于简单化，甚至是不明智的。就拿你的朋友来说，问题不在于你有多少个朋友，而在于友谊的质量和朋友的类型。

设想自己是一位销售经理，你想知道你的销售代表是否有动力。看着你的两位业绩最好的销售代表所提交的季度中期销售报告，然后你得出结论：是的，他们都有很大的动力。你可能没有注意到，他们被激励的原因有所不同。其中一位销售代表努力工作的原因是想赢得这场销售竞赛，被大家看作是佼佼者，并达成之前承诺的额外销售量。而另一位销售代表努力工作的原因则是他看重你的产品和服务，他的努力出于一种高尚的目的，并且他很喜欢和客户一起解决问题。“激励”这门科学提供了非常明显的证据，即这两位销售代表所拥有的不同种类的动力表明了一个重要的含义：他们动力的质量将影响短期的结果和长期的耐力。

传统的动力引发了这样的问题：这个人是否有动力？这个人究竟有多少动力？这些问题将你的答案简化成黑白分明、“要么是，要么不是”的回应，而不会是更重要的、对动力本质的深度剖析。但问“为什么一个人有动力”则会带来对激励的可能性范围的研究。当你仔细领会这些可能性以及它们背后的含义时，你就能充分运用“激励”这门新科学让你的员工拥有更佳、更优质的激励体验。

我们已经学会如何将科学运用于工作中

我对“激励”这个领域产生好奇开始于1985年，那年的某个晚上，我就突然转变成一个严格的素食者。一项“我们如何对待动物”的研究让我深受感动，我于是决定再也不吃肉类。那些了解我曾有多么喜欢吃肉的人们都在谈论我惊人的自制力。我发现这太有趣了。我的新行为完全不需要任何自制力。我还发现自己充满了精力，拥有了全新的生活方式。在将近30年里，我对新生活的执着从未动摇。

我从自身的经历中形成了个人的激励理论，但直到我看了1996年10月14日的奥普拉·温弗瑞秀之后，我才开始理解我的动力背后的科学。

这次节目的嘉宾是作家阿尔菲·科恩，这位作家曾著有《奖励的惩罚——金星、激励计划、A 级评价、赞扬和其他诱惑所带来的麻烦》(Punished by Rewards—The Trouble with Gold Stars，Incentive Plans，A's，Praise，and Other Bribes) 一书。温弗瑞声称科恩的观点是一场革命，它将改变观众们心中固有的对孩子的教育观念。科恩最重要的观点是，家长和教师应该停止引诱孩子去做他们自己本来就想做的事情，比如学习、成长和进步。科恩强调，引诱孩子做事并奖励他们扼杀了他们做这件事原有的动力。

我与科恩的想法不谋而合，但我并不是孩子的家长或者教师。一些家长和教师则对此予以反驳，他们不仅轻视这些想法，而且十分生气。难道科恩先生就不明白，当一个孩子一直在哭泣时，冰淇淋就是他最好的朋友吗？当一个孩子不愿意读书时，向孩子承诺一项奖励会促使他拿起书；当你的女儿不愿意做家务活时，给她一些奖励她便会乖乖去做。一位母亲坚持使用她的策略，她已经奖励了孩子几千美元。引诱和物质刺激是她让孩子们听话的唯一办法。

科恩试图解释，奖励和惩罚在当下能够起作用，但它们只能换取一样东西：暂时的顺从。科恩试图说明，这些“胡萝卜加大棒”的策略会损害一个孩子的学习、理解和专注力，而且这些损害会持续很长时间。他向家长和教师们发出挑战，让他们考虑如果奖励或压力没有了或者他们的资源耗尽了，会发生什么。由于奖励是行动的原因，如果没有奖励，那么孩子们就不会对行动产生兴趣。科恩希望家长和教师们不要将孩子当宠物一样训练。

科恩关注家长和教师们需要停止做的事情。你可以看到、听到和感觉到他们的恐惧。他对我们有何期望？我们应该做什么？科恩已经付出了最大努力，但在这个影响很大的全国性电视节目上和有限的时间内，他对这些前沿想法所做出的解释让人感觉是在为自己的观点辩护。

现在，我们积累了几十年的数据和令人振奋的研究结果，这些都毫无疑问地表明不同的激励方式会带来不同的结果。我现在能够理解，为什么转变成一个素食主义者并保持下去对我来讲如此容易。我能够将这个知识转变并应用在我的个人生活以及工作中的其他任务、目标和情况中。

在多年的工作经验中，我们研究了如何定位和推广爱德华·德西博士、理查德·莱恩博士和其他创始人的积极研究。科恩以及其他知名作家，比如丹尼尔·平克就将这些人的研究作为自身观点的基础。多亏这些敬业的研究学者，我们才得以理解人类动力的真实本性。人类动力充满了希望。

是时候摒弃过时的领导方式了。我们需要在真实的世界里利用好当代激励科学。现在有一种不同的、更好的激励方式，而它也带来了一个问题：如果有一种已被证实的、更好的方式来激励员工，为什么就没有更多的领导者利用它呢?

这个问题有三种可能的答案，你的情况符合哪一种?

- 你并不了解这个事实。
- 你不相信这个事实。
- 你不知道应该如何利用这个事实。

可能的答案 1：你并不了解这个事实

在了解人类动力的道路上，发生了一件有趣的事情。心理学家们曾决定研究动物。比如，你可以在 Youtube（国外著名视频网站）上观看哈佛大学心理系教授B.F. 斯金纳如何利用小团食物来“激励”一只笼子里的鸽子做360度的转向动作。这看起来太奇妙了，他能让鸽子做自己想让它做的事情，并给予它奖励。他几乎能让它做出任何事情。行为学家们解释道，这种办法同样能够激励工作场合中的人们：对完成你所布置的任务的人给予奖励，你就几乎能让他们完成任何事情。你猜怎么着？这很有效，或者看起来很有效。我的同事和我将它称作“鸽子啄食模式”。

使用带有比喻意义的小团食物作为动机来“激励”员工完成他们不一定想要完成的任务，这是人们普遍采用的方法。大量的行业都发展出了复杂的激励机制，比如工资系统、报酬、竞争、代币、徽章、奖励以及正式的奖励机制。这些都是“一小团食物”，甚至是更多的“食物”。

当前的数据非常清楚地表明，“鸽子啄食模式”毫无价值。在全球进行的几千个实验里，结果都一样：即使人们获取了你提供的金钱或其他奖励，那些动机和工作业绩之间只有唯一的负面联系。也就是说，外界的奖励只会削减人们达成目标、追求卓越和保持努力所需要的能量、活力以及幸福感，这很让人不安。

动力的传统形式在某些工作或行业中或许有用。比如，如果你承诺给予人们更多的奖励，他们短期内在生产线上可能会生产更多的产品。然而，将“生产力”与“繁荣”“兴旺”混为一谈非常不明智。若没有繁荣兴旺，短期的收获将转变为长期的机会损失。“鸽子啄食模式”从来就没有像我们所想的那样起作用，无论是在哪一个工作岗位上或者行业里。事实很简单，人不是鸽子。

本书提供了让人信服的相关研究结果，向你表明那些过时的激励方式毫无作用。本书还将帮助你提升领导才能，让你充分利用好的激励模式。

可能的答案 2：你不相信这个事实。

你能将下面的句子补充完整吗？

- 这不是我个人的意见，只是它________。
- 这个行业的目的是________。
- 领导们处于________的状态。
- 唯一一件要紧的事情是________。
- 如果你不能估量这件事，它会________。

这些信念在我们的集体心理中根深蒂固，你或许都不需要检查答案就脱口而出。（若你对这一点感到好奇，可以看一下第六章，这一章将会探索这些观念）这些句子代表了人们的普遍观念，但并不意味着它们正确。我希望你能考虑这个观点：坚持这些观念会妨碍你寻找有效的替代方案、改变激励方式和采用全新的领导策略。在第六章里，“重新思考五种损害工作动力的信念”将迫使你重新思考你自己的诸多有关动力的观念，比如动力从何而来，以及它是否服务于你、你的下属和你的产出。

通过探索动力的诸多迹象和替代品，我希望你能够认识到你的基本理念如何影响了你的领导力。比如，你总是一味追求结果，这会带来沮丧、紧张的情绪和压力，使得你不太可能获得你与下属所追求的高质量短期结果，或者可持续的长期结果。

可能的答案 3：你不知道应该如何利用这个事实

或许你已经了解到很多科学的证据，证明传统的激励方式会损害员工的工作质量和生产力。它或许已经占据了你的想象空间，并刺激了你的好奇心。但人们往往想要让科学道理简单化，结果这些科学道理被归纳成一些难以利用的陈词滥调。比如，内在激励的效果在很深的层次上与我们有共鸣。这些效果也会带来担忧和恐惧。你们中的一些领导者们会想，如果不用大棒和胡萝卜，有什么替代品吗？我如何能激励人们的内心，并让他们始终拥有动力？尽管这些问题都出于善意，然而它们依然折射出一种传统的激励方式，认为激励是你施加给别人的东西。

很多流行的书籍和著名的演讲者们都在做一项重要的工作，那就是让更多的人们意识到内在激励的积极效果以及外在激励的有害作用。但这种简单化的二元性（好和坏，内在和外在，不是这个就是那个）并没有足够的深度，无法让人们以一种有意义的方式利用这些观点。

误解了动力的含义将导致人们使用错误的策略激励他人。

我们多年以来采用的很多传统的激励方式结果适得其反（或者更糟，起到破坏作用），一旦承认这一点，我们就能打开思路，以全新的角度看待动力。我们需要知道，在达成目标的过程中，施加压力会损害我们所需要的结果。我们要考虑到，宣扬“竞争”的概念或者赢得一场比赛，并非激励和保持业绩的最佳方式。我们需要领会这一点，尽管在现实中人们没有一刻不需要钱，而且要得越来越多，对金钱奖励的关注掩盖了工作中真正让人们有满足感的事物。这表明这样的激励方式不起作用，无法带给我们需要的结果。领导者们需要另外一种可行方案。是时候摒弃“用胡萝卜和大棒鞭打员工”的方式，并采用不同的、更有效的领导策略了。

一说到激励，我们在一些比小团食物、胡萝卜和大棒更丰富、更有意义的事物上低估了自己，或许甚至是欺骗了自己。我们成为过时的“鸽子啄食模式”的受害者，并说服自己这就是激励的本质，而且忽略了更人性化的理念。

“激励”这门新学科很有前景。有很多内容在不断加工之后均可替代过时的“鸽子啄食模式”，带来更多、更优质的“小团食物”，让人们完成你希望他们做的事。不出意料，人们并不觉得那些鸽子食物让人满意。

从理论到实践

激励常常不起作用，但这本书为你提供了一个能够起作用的框架、模型和强有力的方式。你还会发现一系列全新的、更有用的词汇来帮助你思考和表达“激励”。过时的术语，例如“以结果为导向”或者“以奖励刺激行动”，会将你带往错误的道路。如果你在寻找某种激励方式，它能带来生产力，又不损害下属们积极而持久的能量、精力和身体健康，那么你就不应使用这些过时的术语。

- 第一章《激励的困境》，解释了为什么激励对人们不起作用，并引入“激励范围”模型，作为一种可行的替代模式。
- 第二章《什么能激励人们，真实的故事》，揭示了人类动力的真实本性、充分利用动力的好处，以及持续忽视它会有什么潜在的代价。
- 第三章《驱使的危险》，给出了驱使人们达成目标的替代方案，而此方案反而会带来更好的结果。
- 第四章《激励是一种技能》，更深入地剖析了个体需要什么来转变他们自己的激励体验，并提供了相应技能来帮助他们达成这一点。
- 第五章《让转变发生》，教给了领导者们如何进行一场能起到激励作用的“激励前景对话”，帮助一个人获得更高质量的激励。
- 第六章《重新思考五种损害工作动力的信念》，讲述了你的观念和价值观可能会如何损害领导力，并推荐最佳的做法来支持并鼓励人们，使其保持最佳动力。
- 第七章《最佳激励的前景》，从三个方面考察了这个全新的激励方式的潜力，组织机构、领导者以及工作场所里希望拥有美好前景的人们。

这本书适合这样的领导者们：敢于质疑传统观念和普遍做法，意识到过时的激励方式会损害人们的精力、创造力、幸福和健康——心理健康和生理健康，希望创造出一个让人们茁壮成长的工作环境。如果你渴望以一种实际而可敬的方式来达到并保持你想要的结果，并让人们发挥出最好的工作能力，为他们造福，那么这本书也适合你。

第一章　激励的困境

想象一下这样的场景：你心目中有一个完美的应聘者，你想要聘用他/她作为你的新员工。你能够提供这个岗位所能开出的最高工资，并且被授权采用一切方法来鼓励这个人来你的公司工作——签约费、搬家补助、交通补助、住房补贴、绩效工资和一间高档的办公室。

这就是拉瑞·路奇诺在2002年遇到的情形。他的目标是将小规模球队奥克兰运动家队的总经理比利·比恩挖到最有名望的棒球队之一——波士顿红袜队。比利有一种很有创意的观点：用统计学和数学分析棒球比赛记录。这是一种全新的统计分析法，用于招募队员和提升队员能力。这让路奇诺彻底折服。

红袜队为比利开出了当时一支棒球队的总经理所能获得的最高工资。团队还为他提供了私人飞机和其他很棒的激励政策，以此吸引他来工作。正如你从迈克尔·刘易斯所著的《魔球：逆境中致胜的智慧》或者从布拉德·皮特主演的大片《点球成金》中所看到的，比利拒绝了这一历史性的工作邀请。

在真实的生活中，由于比利所做出的决定、奥克兰运动家队在低工资环境里的相对成功以及比利对棒球比赛记录的统计分析对该运动的改革，比利在棒球名人堂里拥有了一席之地。这也举例说明了，你作为一个领导者会面对什么。波士顿红袜队就算用丰厚的薪水和大量的额外津贴也无法鼓动比利·比恩来担任团队的总经理。

比利的母亲马里尔·艾德里安是我最亲密的朋友之一。比利这十年的生活都展现在媒体上，而她以个人角度对此进行的描述则更加令人着迷。《体育画报》证实了她的“钱并没有让比利动心”这一说法：“读完高中以后，比恩仅仅为了钱而签约了纽约大都会棒球队，后来他就后悔了。这段历史成为了他今后需要考虑的一个问题”。

要想了解比利的选择，就需要认识人类动力的真实本性，以及为什么激励对他人会不起作用。比利受到了激励，只是他受到的激励跟别人想的不太一样。他不会被金钱、名望或者恶名所激励，他只会受自己对家庭和棒球的热爱和投入所激励。尝试激励比利并没有效果，因为他已经受到了激励。人们一直都被激励着。问题不是一个人是否被激励，而是为什么这个人受到了激励。

这个激励困境就是，领导者们需要负责做一些他们做不了的事情——激励他人。

我在中国跟一群公司高管分享这些观念时，一位男士叫到：“太震惊了！这太让人震惊了！”我们都跳了起来。对于一位一直很安静、缄默的听众来说，突然大叫是一件很不寻常的事情。我问他：“为什么这很让你震惊？”他回答：“在我的整个职业生涯里，人们都告诉我，我作为经理的职责之一就是激励我的员工。我负责激励他们。现在你告诉我，我做不了这件事。”“没错”，我告诉他，“你对此有何感受？”“我太震惊了！”他重复到，并补充说，“也松了一口气。”

这催发了一场强有力的谈话，并让房间里的领导者们和人力资源部高管们顿悟了。他们意识到，在激励过程中，他们对胡萝卜和大棒的依赖成为了普遍的做法，因为我们以前不理解人类动力的真实本性，而我们现在能理解了。不再使用胡萝卜和大棒是一项挑战，因为高管们没有别的可替代品。现在我们有了。

评价过程：激励如何发生

说到激励，要想了解什么能起到激励的效果，则需要从每一位员工（和领导）经历过的一个现象开始：评价过程。

为什么我们说人们已经受到了激励?

认为人们在某个时候缺乏动力，这是错误的想法！比如，当你主持一场团队会议时，发现他们在收发短信或者发微博而不是将注意力放在你身上时，你也不能认为他们没有动力。他们也许只是受激励的理由与你的不太一样。他们评价这个情形，得出自己的结论，然后朝着他们自己的动力方向前进。

你自己在体验该评价过程时，请想想你参加的最近一次会议。当你注意到日程表里的这个会议，开始打电话，并急匆匆地按时进行会议时，想想你都有什么想法和情绪。从你将会议添加进日程表的那一刻，一直到你为此会议添加了若干条“下一个步骤”到你的任务清单上时，你的感受、意见或态度是否有一定的变化?

这个自我思考过程就是人们一直在做的事情——无论是下意识地，还是无意识地。他们在评价自己的工作经历，并得出结论，这个结论将直接带来他们行动的意图——无论是积极的，还是消极的方式。

图 1.1 所展示的评价过程点明了在这个参加会议的范例中，你可能会体验到什么。无论你是否注意到了，你已经对参会一事抱有想法和感受了——你对这个会议既有认知反应，也有情绪反应。这个会议是否安全，

还是有威胁？我感觉到了别人的支持还是威胁？这个会议是否有用，还是纯粹浪费时间？我感到兴奋还是害怕？我参会是因为我想要参会，还是觉得自己不得不参会？最终，你对会议的感受对你的幸福感产生了巨大的影响。你的幸福感决定了你的意图，而意图又会最终引出你的行为。

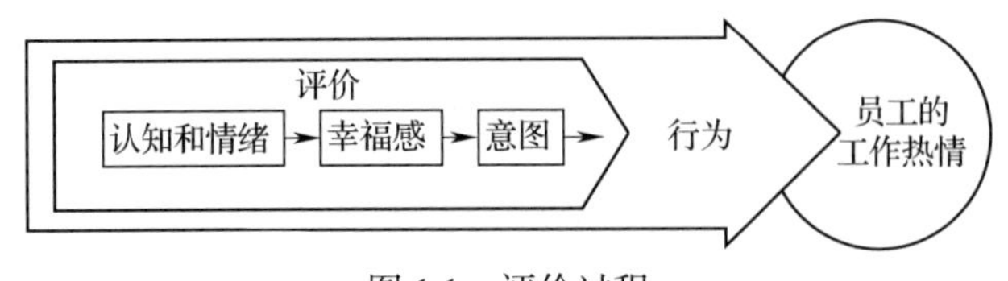

图 1.1 评价过程

每一天，你的员工对他们工作环境的评价将给他们带来（或无法带来）积极的幸福感。他们的幸福感决定了他们的意图，而意图最能够预测出行为。一个积极的评价将带来积极的幸福感，也将引起积极的意图和行为，最终使得员工积极参与公司事务。

员工参与的核心

评价过程是员工参与事务的核心，也是员工撇开事务的核心。如果你的公司不评价员工参与度，或者没有提升员工参与度的某种倡议，我会十分吃惊。大量的数据表明一个参与度高的劳动力拥有很大的价值。然而，研究人员最近才发现人们如何来参与。你若是不明白个体需要经过什么样的内部过程才能变得积极参与事务，那么你怎么能提高他们的参与度呢？

这一点可能会鼓舞你：最先进的研究发现了一种高于不参与、有意识不参与和积极参与层次的参与度，人们把它叫作员工的工作热情。带有工作热情的个体展现出了这五种积极的意图：

- 工作表现超出标准预期。

- 代表组织机构展现出一定程度的努力。
- 在组织以外的地方对这家组织及其领导层表示赞同。
- 以毫无私心的公民行为看待公司所有的利益攸关者。
- 和组织机构一条心。

在这些研究中，研究者们识别出能影响一个人的积极评价过程的十二种组织元素和工作元素。一旦出现这些元素，人们更倾向于拥有一种积极的幸福感，这种感受将带来积极的意图和行为。时间一长，他们就会感受到员工的工作热情。

你可以建立一个能够支持员工工作热情的组织。你可以调整职务设计、均衡的工作量、分配公正和程序公正问题，以及其他能够激发人们积极意图的程序和机制。这些都是好事情，但建立新系统和新过程需要时间，而你现在就需要结果。你是否今天就能帮助人们管理他们的评价过程？你做得到。

这引出了一个大胆的定论：激励他人可能不起作用，但你能够辅导人们的评价过程，这样他们就更有可能每天都达到最佳的激励状态。

最佳激励意味着拥有正能量、活力和幸福感，使得一个人能够一直追求并达到有意义的目标，同时不断茁壮成长。

这引出了第二个大胆的定论：激励是一种技能。人们可以学习如何选择和创造最佳激励体验，无论何时何地。

在你帮助员工引导他们的评价过程或教授他们激励技能之前，你自己要先掌握它。所以我们再回过头来讨论一下你的会议体验。

激励范围

问你或者你的员工“是否有动力参加一场会议”是一个错误的问题。

你的回答仅局限于“是 / 不是”或者“有一点动力 / 很有动力”的回复，而不是具体的高质量的激励体验。然而，问人们为什么有动力参会引出了一个关于被激励可能性范围的问题，如图 1.2 中激励范围模型里所表现的六种激励前景。

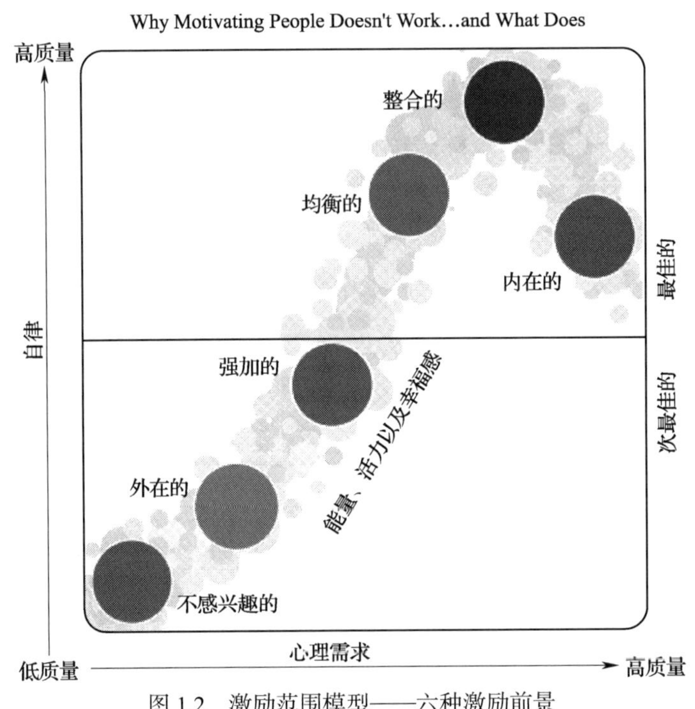

图 1.2　激励范围模型——六种激励前景

激励范围模型帮助我们深入理解会议体验。考虑这六种激励前景（图中以泡泡显示）中的哪一个最贴切地描述了你在会议前、中、后三个阶段中的体验。这些前景并不是一组连续统一的事物。你可以在任何时候处于任何一种前景里，并在任何时候转变到另一种前景里。比如，在一个会议里，你可能在某个点或者另一个点经历了其中一种或者全部种类的前景。

- 不感兴趣的激励前景——你就是无法在会议中找到任何价值；感觉是在浪费时间，你不知所措。

● 外在的激励前景——会议让你有机会表达你的立场或权力；它使得你能够充分利用别人的承诺，无论是承诺更多资金，还是承诺你在其他人眼中强化的地位或者形象。

● 强加的激励前景——你感觉有压力，因为其他每个人都出席了会议并对你有着同样的期待；如果你不参会，你会感到内疚、羞愧或者恐惧，所以你会极力避免这些负面感受。

● 均衡的激励前景——你能够将会议与重要的价值联系起来，比如学习。你可能学到什么，或者别人可能会从你身上学到什么。

● 整合的激励前景——你能够将会议与生活或工作的目的联系起来，比如在会议中就某个重要问题发声。

● 内在的激励前景——你喜欢参加会议，觉得开会很有趣，仅此而已。

你或许已经注意到在激励范围模型中，三种前景被标注为“次最佳的”——不感兴趣的、外在的和强加的。这些前景被认为是激励中的“垃圾食品”，折射出低质量的激励过程。而另外三种前景则被标注为“最佳的”——均衡的、整合的以及内在的。这些前景被认为是激励中的“健康食品”，折射出高质量的激励过程。为了能够充分利用激励范围，你非常有必要了解这些次最佳和最佳的激励前景对于人们的幸福感、短期生产力和长期工作表现有什么不同的影响。

用激励中的“垃圾食品”喂养人们所带来的问题

你在当地免下车的快餐厅为家人购买晚餐（汉堡、油炸薯条和奶昔），希望和家人一起在家享用。这些薯条的香味令人心醉，于是你情不自禁地吃了一根，当你到家时，这一袋薯条早就全没了。

想想垃圾食品对我们的体能和心智有什么影响？我们带着这一包薯条会有怎样的感受？内疚或是后悔？即使我们心怀感恩与满足，它会对我们的体能带来什么影响？体能会急剧升高，然后又会急剧下降。我们的身体又得到了多少营养呢？稳定摄入的垃圾食品显然对我们没有好处。就算我们能偶尔放肆一回，我们也本应理智地选择替代品。

父母、老师和公司高管们承诺提供更多的资金，为比赛优胜者提供奖励，威胁要实施惩罚、施压，以及利用内疚感、羞愧感或者“情感勒索”鼓励孩子、学生和员工完成特定的任务。当人们屈服于其中的某个策略时，他们最终就会有“次最佳的激励前景”——不感兴趣的、外在的或强加的。但是，这些奖励和惩罚（胡萝卜与大棒）就和薯条一样难以抗拒，也一样充满危险。

举个例子，你的医保供应商向你发来一份“减肥赢 iPad mini（苹果平板电脑）”的活动邀请。你在想，除了体重，我还得减一点什么？除了健康和一台 iPad mini，我还要获得什么？再想想吧。

最近的一项研究专门针对那些“参加减肥比赛就能获奖”的人们。研究表明，确实有很多人减肥成功，并拿到了奖品。然而，这些研究者们还做了其他人没有做过的研究。他们继续跟踪了解获奖者的行为及其所导致的结果。他们所发现的东西进一步强化了有关“物质刺激”的大量激励研究成果。在获奖后的十二周以内，人们重拾旧习惯，曾经减掉的肥肉又长了回来，甚至比之前还要重了！经济刺激无法让一个人坚持新的健康行动——实际上，随着时间流逝，他们会逐渐放弃这些健康的活动习惯。

奖励或许能帮助人们形成新的健康行为，但是它们却完全不能帮助人们继续履行这种健康行为，或保持这种行为的成果。更让人担忧的是，一旦失败，人们会特别沮丧，不抱希望并感觉疲惫不堪，未来也不太可能再有减肥的计划。

那么为什么美国超过70%的健康节目都利用经济刺激物来鼓励人们采取健康的生活方式呢？

● 如果人们在没有明显压力的情况下参加这些有少许经济奖励的减肥节目，有可能他们在一开始会达到一些减肥效果。然而，研究表明这些减肥活动只在比赛过程中才会起到效果，不会永远持续下去。“之后的故事”就是大多数人没有听说过的了。

● 经济刺激物通常都很容易获取（特别昂贵的除外）。举办这些活动的组织通常不会花太多时间来创造一些更有创意、更健康和更可持续的方案。

● 来参加活动的人们只为了这些经济奖励而来，而活动组织则不敢轻易撤掉这些奖励。

为什么领导者们一直在推广“垃圾食品”般的激励方式，来诱使人们达到目标或者完成特定的行为？

● 很多领导者们从不质疑传统的做法，仅此而已。

● 领导者们没有形成这样一种意识，即他们需要学会利用“激励”这门科学来帮助人们转变到一个更优化和更持久的激励前景。

● 人们不理解自身动力的本质属性，因此当他们在工作中感到不悦时，就会要求更多的薪资。他们渴望某种不同的东西，却并不了解那到底是什么，所以他们就渴求最明显的奖励——金钱。高管们往往采取省事的办法，并认为如果自己无法满足员工对更高薪资的需求，那么他们就束手无策了。

尝试提供激励的“健康食品”

凯茜在她的公司里一直都是业绩最好的销售员。当她的公司宣布进行一场销售竞赛来奖励最佳销售员一周的温泉之旅时，她感觉被冒犯了。“他们是不是以为我完成自己所能达到的业绩是为了赢得一周的温泉旅行？可能这听起来有点俗，但我努力工作确实是因为我喜欢这份工作。我解决了客户的问题，看到了我带来的改变，于是我获得了很大的满足感。如果公司想与我沟通并对我表示感谢，这跟温泉旅行无关，我当然能接受。显然，情况并不是他们想的那样。如果他们了解我，他们就会明白，作为一个单身母亲，一周的温泉旅行并不是奖励，而是强加在我身上的不合理的东西”。

像凯茜一样拥有高质量动力的人或许会接受外界的奖励（如果有的话），但这显然不是他们努力做事的理由。世界上的和凯茜一样的人做着他们的工作，完全是出于一种更加深刻的理由，这种理由能比外部奖励带来更多的满足感。

如果凯茜的公司能够考虑她的真正需求，而不是一味地秉持垃圾食品般的老观念“销售人员只会被金钱和奖励所激励”，凯茜工作起来就会更容易。相反，她发现自己处于一个尴尬的境地中。她不想被卷入这个旅行奖励所带来的低质量激励，但她又不敢拒绝这次旅行或者对此奖励进行抱怨，以免冒犯了她的上司和同事。

作为一个典型的自我领导者，凯茜邀请她的上司就这个情况进行了讨论。她解释这个激励计划如何会有与上司所预期的相反效果。她声明，她会继续以一贯的高要求做好销售工作并服务她的客户——无论自己会不会得奖。凯茜和她的上司都将这场对话描述为“解放”。沟通之后，他们的关系更深入了，因为上司现在理解了凯茜对工作的投入来自于她自己。

在下一个销售周期结束时，凯茜以她自己的高质量激励理由超额完成了任务。凯茜的上司与她商量出另外一个旅行奖励来表达他对她工作成果的感谢，并且这个奖励价格合理，也能控制在一周内，就不再像之前那样强加一个奖励给她。凯茜选择了一个她和自家孩子能一起参加的活动。她并没有将旅行奖励看作是对辛勤工作的奖励，而是将它内化为公司对她表达的感激之情。她讲述了刚过去的那次旅行奖励体验有多么不同："这一周有了特殊的意义，既是我上司发自肺腑的感激，又是我和孩子度过的美妙而难忘的经历"。

凯茜加深了与上司之间的关系，并感觉受到了重视，这比赢得一场比赛重要得多。人们体会到了高质量的激励，这对公司来说也有着重要的意义。员工会达成高于标准的业绩；展示出更强的创造力、合作和生产力；他们更有可能不断达到他们所能达到的最佳业绩；同时，他们享受着更佳的身体健康和心理健康。

"垃圾食品"还是"健康食品"——你来选

三种次最佳的激励前景（不感兴趣的、外部的和强加的）是激励中的"垃圾食品"。它们所拥有的有形或无形的奖励或许在当下具有吸引力，但它们不会带来繁荣，完全不会。处于次最佳激励前景中的人们不太可能有必需的能量来达成自身的目标。但即使他们达到了，他们也不太可能体验到为了保持优秀工作表现所必需的积极能量、活力或者幸福感。

三种最佳激励前景（均衡的、整合的以及内在的）则是激励中的"健康食品"。它们可能需要更多的思考准备，但它们会产生高质量的能量、活力和积极的幸福感，而这些将带来可持续的工作表现。

激励的小型个案研究：海姆什的故事

在一次最佳激励培训课程结束后的第一天，海姆什回到了印度的一家工厂，遇到其中一位员工正处于一种低质量的激励状态中。在实验室里，这位技术服务总监与一位外包商正在讨论事务。海姆什注意到，技术总监戴着护目镜，但她没有严格按照安全工序来保证外包商同样做好了安全措施。

海姆什是一位非常严格的主管，对于违反安全要求的行为持零容忍态度。对于这种无法容忍的违反要求的行为，他的一般的做法会是将她叫到办公室，接着，按他的原话就是，“向她提出警告”。顺便说一句，这就是海姆什参加培训班的原因。他的工厂作为一家拥有超过五万员工的国际公司，业绩得分却几乎垫底。

根据海姆什的自我评估，“我的员工都知道，一旦有人违反了安全要求，我就会大怒（甚至震怒）；然而，我也一直试图在保持冷静，看看我的培训效果如何”。他让总监走进办公室。他能感觉到对方很担心自己会有何反应。海姆什并没有表现出沮丧或者失望情绪，而是首先说明自己前不久参加了有关激励的培训。他与她分享了关键理念，然后问她是否觉得“始终佩戴护目镜”这条规则很愚蠢，因为有时候根本就没有实验进行，也就不会伤害眼睛。她是否感觉自己被迫需要始终佩戴护目镜？

由于海姆什邀请她一起讨论，而不是直接对其加以斥责，她敞开了心扉，坦承了自己的意见。她解释说，她有一个两岁的孩子，自己也非常关注实验室安全，因为她希望每天傍晚下班后都能安全到家。让海姆什吃惊的是，她在其他某些领域也分享了这一理念，她倾向于拥有更严厉的安全措施，而非不严厉的措施。比如，她提议在高温环境下的实验室里做实验时，还应该穿安全鞋。但当没有实验在进行时，她就不明白戴护目镜有什么合理之处了。没错，技术总监表达了自己对这个硬性规定的不满，她没有强迫自己实施这条规则，尤其是和外包商待在一起时。海姆什聆听了她的意见，并真心认可了她的感受。然后，他为这条规则提供了自己的理由，解释说他衷心希望并试图让“戴护目镜”成为一个人保护自己生命安全的习惯，就好像坐车时系上安全带一样。

海姆什说：“我仿佛在她眼睛里看到了曙光。”

需要注意的是，海姆什并没有试图激励这位技术总监。他发现她已经被激励了——她被激励不去遵守这项规定。他挑战了自己固有的行动趋势，花时间研究了为什么她会被她自己的方式所激励。通过理解她的激励本质，他对于如何领导员工有了更多的看法：“我很清楚，要是在以前，我的本能反应就是把我的想法强加给她，那么我会看到对方卑躬屈膝的表情，一次又一次的道歉，以及承诺再也不做这样的事。结果导致这种事很有可能会再次发生。她可能会带着怨恨和被强迫做事的心情离开我的办公室，我也会由于这些负能量而感到心烦意乱”。

海姆什的方法起作用了，它将这位技师的激励水平从低质量（强加的激励前景）转化到了更高一层的质量（均衡的激励前景）。通过这本书，我们将探索海姆什的激励策略中更微妙但更强力的一些方面。正如他所说：“简单地说，我认为我的小实验是一次成功。从那以后，我与许多团队成员分享了我所学的内容，并计划在未来几周与他们进行更多的激励前景对话”。

扼要重述“激励的困境”

激励对人们不起作用，是因为他们已经被激励了——他们一直被激励着。而激励的困境是，即使激励对他人不起作用，领导者们依然要负责做

好激励工作。这个困境导致了领导者们所实施的效率低下的激励行为。你步步紧逼，想要达成目标，却发现这些压力、紧张和外部驱动力阻止了人们达成这些目标。斥责员工并伤害他们，这些传统的激励策略聚焦在获得短期结果上，却破坏了长远的前景。

激励对人们不起作用，而能够起作用的方式将在下一章进一步阐述。你会学到如何让人们摒弃激励的“垃圾食品”，并为他们提供健康的替代品。而这些替代品将会是你的激励困境的解决方案。

第二章　什么能激励人们：真实的故事

你有没有想过，为什么你早上要起床（并保持清醒的状态）？为什么你会在某些早晨充满活力地跳起来，而在其他时候则是慵懒地拖着身子下了床？

你有没有想过，你需要付出什么代价才能远离五百卡路里热量的小松饼，而不会降服于这些充满诱惑的美食？

你有没有想过，你的怒气、自我防卫或自以为是的能量如何不同于你的爱心、同情心和欢乐的能量？

这些问题的答案都可以在这个明显的事实里找到：人类拥有繁荣兴旺的内在本能和欲望。我们想要不断成长、提高、完全行使人类职责。当然，科学才刚刚跟上有创意、有思想的人们在人类发展史中所能理解的知识。《绿野仙踪》《星球大战》和《地心引力》这些电影表达了人类希望繁荣的本能。卡里·纪伯伦、马娅·安杰卢和罗伯特·弗罗斯特这些诗人通过自己的作品影射出我们对完美的追求。古今的艺术家和音乐家们继续捕捉我们对自我认同、成长以及与他人建立有意义的联系的渴望。我们想要繁荣起来，但又无法独自完成。我们人类生来就是社交动物。我们天生就会不断开发个人潜力，也会出于本能地发现我们和周围世界的相互联系，而这种联系对于我们开发个人潜力至关重要。

我们对繁荣的渴望或许出于本能，但繁荣不会自动发生——尤其是在工作中。我们渴望心理成长，渴望与环境和谐一致，但这种渴望无法保证它一定会发生。人类在工作场所的繁荣处于一种动态的可能性，需要不断培养。工作场所可能会辅助与培养我们的繁荣过程，并使之成为可能，也可能破坏、妨碍并阻止它。实际上，传统的激励方法更多地破坏了我们的潜力，而非鼓励。

坏消息是，我们已为过时的激励观点付出了高昂的代价。好消息是，全新的激励科学应运而生。这既是一个激进思想的开始，又是一个激动人心的机会。

如果你来了解激励的真实故事，你将体会到自己的生活和工作方式的巨大转变。而且更重要的是，你的领导方式也会发生转变。

阐述人类动力的真实本性

这本书的题目表明，激励他人不起作用。本书也承诺将回答这个问题：什么会起作用？这个答案的精髓位于激励科学的核心以及对三种心理需要的揭示中——自主权、人际关系和竞争力。与性别、种族、文化或时代无关，激励背后的这个真实故事就和“我们的心理需要是否得到了满足”一样简单或者一样复杂。

在我们探索自主权（autonomy）、人际关系（relatedness）和竞争力（competence）这三种心理需要中各自的个体属性时，我会用到这三个术语；而我在指出它们的集体力量时，我会用到“ARC”这个术语（三个术语的首字母），而这种集体力量非常重要。

如果你想确认这三种心理需要对于我们的茁壮成长不可或缺，你可以钻研过去60年以来的研究所提供的大量证据——大多数都被此书引用作为参考，并列在了注释、参考书目和资源清单里。你可以钻研书中的故事、例子和小型个案研究里的轶事证据，这些都是我在过去20多年、50多个国家的个人经历。你也可以观察婴儿，或回忆你和学走路的小孩子共有的经历。在接下来的三个小节里，你能够见证我们对自主权、人际关系和竞争力的心理需求从我们出生的那一刻起就开始起作用了。

第一种心理需求：自主权

研究人员研究了我们对自主权的需要，以及在这三种心理需要中若只是没有自主权会有什么影响。

自主权意味着我们人类需要明白，自己有选择的权利。我们需要感觉到，自己所做的事情出于自身的意志。我们感觉到，我们就是自身行为的源头。

自主权的一个好例子就是你喂婴儿吃食时会发生什么。当你把一勺婴儿食品送到婴儿嘴边时，他会做什么？他会抓取这把勺子——他想自己来。他想成为喂进嘴里的食物的源头。尽管他没有喂自己吃饭的技能，他也需要控制这个环境。如果他受到了高椅子的限制，他就会紧闭着嘴，或者转过头去。这就解释了为什么大多数记录婴儿吃饭时候的照片里，婴儿脸上往往沾有胡萝卜泥的橙色污点。

如果你上了年纪，你就会记得麦宝燕麦片动画形式的电视广告（1968年）。如果你记不得了，请在网上搜索，在Youtube视频网站上观看这些经典广告。在我最喜欢的一个广告里，一个父亲试图让孩子吃这些枫糖味的燕麦片。孩子一点也不想吃。于是父亲开始用勺子做游戏，试图吸引孩子吃掉他的麦宝燕麦片，而一旦勺子靠近了孩子的嘴，孩子立即闭上了嘴。最后，父亲为了迎合孩子对牛仔的喜爱，将自己装扮成一个牛仔，并咬了一口燕麦。咬了一口之后，父亲发现他很喜欢这个燕麦，并开始自顾自地吃起来。孩子看到父亲愉快地吃完了自己的那份燕麦，不禁大叫起来："我要我的麦宝！"任何一个处理孩子逆反心理的家长都会试图迎合孩子对自主权的需要。（但要小心，这些策略可能会产生事与愿违的效果。孩子很容易察觉到家长在操控自己。如果他们感觉你在操控他们，他们的第二种心理需要——人际关系就被损害了）

过去20多年来，各种研究表明成人从来没有放弃对自主权的心理诉求。比如，一旦制造行业的蓝领工人能够自主决定何时停工休息，那么生产力就会显著提高。这个规律也适用于大型投资银行里拥有高度自主权的白领员工。员工对于他们从事的工作感觉到一些自主控制和选择权时，也就体验到了自主权。自主权并不意味着主管们对下属采取完全自由、放任自流的态度，而是让下属感觉到自己能够对工作场合带来影响。"权力赋予"或许通常被认为是一种陈词滥调，但如果人们没有"权力赋予"的观念，他们的自主权就会受到损害，他们的生产力和业绩也会受损。

让一些人明白他们所做的任何事都出于他们自己的选择，这很有挑战性。无论人们之前是否被授权，他们依然能选择适合自己水平的自主权。

"选择自主权"的最有力例证之一来自心理学家维克多·弗兰克，他描述了自己和其他人如何能够在你所能想到的最糟糕的环境里生存——第二次世界大战时期的集中营。弗兰克显然没有任何自由，然而他依然能想办法满足他对自主权的基本需求，比如欣赏美丽的日出，帮助情况比他更糟的人，并负责管理自己的心态。在那次经历中，他写道："任何东西都能从一个人身上夺走，但只有一样无法夺走：人类最后的一点自由——在任何情况下选择自己的态度，选择自己的生活方式"。

一条有关工作的公理提到，现有的自主权只有20%，而80%要靠自己争取，因此要想理解"我们在工作中能够自由地做我们想做的事情"有一定的难度。然而，事实是，我们可以自主决定从床上爬起，去工作，并做出贡献——或者不这样做。一旦我们处于没有选择权的立场时，我们就损害了自己的自主权体验。

“如果你想激励某人，请闭嘴”——对于这样一个有着挑拨意味的标题的文章，我感到很好奇。为了更深入地了解它，我联系了这篇文章提到的首席研究员布兰登·欧文。这篇文章强调，各种激励方法都不会像我们所想的那样起作用。布兰登解释说，一开始，他的团队了解到一位运动教练采用口头的方式鼓励受训者——“再做一个；加油，你能行；保持体力”，而受训者的表现要比安静而体贴的教练所训练的人明显差很多。这个结果让布兰登的团队感到吃惊。

布兰登推测，根据我们对自主权的理解，安静的教练的训练成果要好于经常进行口头鼓励的教练，因为口头鼓励将训练者的注意力和能量归为外因。从内因到外因的转变阻碍了训练者发挥自主权。外部鼓励和赞扬破坏了训练对象想要表现、自我鞭策并进步的内在欲望，因此，也就限制了他们这样做的能力。

为了抵消喜欢口头鼓励的教练所带来的干扰，布兰登和他的团队尝试采取激励措施。如果训练者达到了一个富有挑战性的目标（尽管教练依然喜欢口头鼓励），他们将得到比如免费体育馆会员资格这一类的奖励。为了研究奖励在短期和长期内将如何削弱训练者的表现，他们添加了外部激励措施以带来更多干扰，也就是更多的激励“垃圾食品”，进一步阻碍训练者对自主权的感知，破坏他们开发自身内部资源的能力，并使得他们的表现水平降得更低。

布兰登对于喜欢口头鼓励的运动教练的研究结果还与第二种心理需要，也就是人际关系，有着有趣的联系。

第二种心理需要：人际关系

如果一个刚学走路的孩子跟你说话，而你没有看她时，她会做什么？她会用自己的小手抓住你的脸，并让它转向她的方向，强迫你看着她的眼睛。即使在现实生活中，地位低的人直盯着地位高的人的眼睛并不合适，但孩子们却偏要这么做——他们天性就会以这种方式与别人沟通。无论我们的年龄、社会地位或背景如何，人际关系是我们三种心理需要之一。

人际关系是我们关心别人和被别人关心的需要。我们需要与他人建立联系，而不需要考虑别人的别有用心。我们需要感受到，我们在为比自己更重要的东西做出贡献。

请注意人际关系所覆盖的种种需要。有个人需要、人与人之间的需要，以及社交需要。我们依赖相互联系才得以繁荣。

几年前，一家遍布全球的电子巨头，雇用我去伦敦为公司100位全球顶层领导发表一篇主题演讲。当我准备走上演讲台时，主持人提前警示了我：这100位领导人已经开了一周的会议，而现在我的演讲是唯一一个阻挡他们回家的事物。她解释道，他们已经筋疲力尽，可能会在我90分钟的演讲中感到焦躁不安。主持人也为他们公司“常常会同时处理多项任务”的文化表示抱歉。她告诉我，多位演讲人在这整个星期里都抱怨听众注意力不集中，一直在发短信和邮件。

主持人的警示鼓舞了我天生的竞争意识——我会展示给他们看！我会变得非常引人注目，让他们忘了回家，停下他们手里的其他事务，坐在那儿聚精会神听我讲。演讲持续大约三分钟之后，我感到惭愧。我无法与任何一个人进行眼神交流。我还不如对着一堵墙说话。而我确实就是在对着墙说话——这使我感到难过。我不禁想决定做一些我的同事兼演讲者曾经做过的事，但我天生性格外向，我从来不敢那么做。我闭上嘴，站在那里，一直在等待，等待，等待……直到演讲台的一片静谧终于吸引了听众的注意力，每个人都好奇地盯着我。

过了相当长一段时间之后，我慢慢地、静静地问道："这儿到底怎么了？我从千里之外的地方飞过来，跟你们谈一些能够影响你们领导方式的观点，你们公司出于某些原因认为我做的这件事价值几千美金。显然你们并不认同这个观点。这样吧，我跟你们做一笔交易。给我十五分钟，没错，我就要十五分钟。如果我在十五分钟之内讲不出任何对你们有价值的东西，说明我不值得你们关注，你们就可以继续打电话，摆弄你们的平板和手提电脑"。

现在，他们带着怀疑开始注视着我。我拥有了他们的注意力——除了一位年轻男子的注意力又立刻回到了键盘上，并且他大声说道："嗯，我可以同时做多项任务，你说是吧？"我在回答他的问题之前尽可能走近他，半开玩笑地说道："如果你是女人，你就可以这么做。"大家大笑起来。显然，我选对了人。他抬头看着我，笑着说："好吧，拿出你的看家本领，让我吃一惊吧。"

但我并未向他们"拿出看家本领"，而是放弃了我本来计划要讲的内容，并让这群领导者们认真讨论刚刚发生的事。这突然变成了神奇的一刻，我们在其中都能学到点东西。我和他们分享了我的想法：我很想做好自己的本职工作，并传递我所热衷的观点，但我却没有吸引他们的注意，没有看到任何他们对我的观点表示欣赏的迹象，那么我会有什么感觉？他们则谈到，如果将电子设备放到一边不管，他们会很担忧自己没有和人们始终保持联系。于是我发现我们中没有人能够让自己的人际关系这一基本心理需要完全得到满足，这是一个有趣的事实。

他们其中一个"顿悟时刻"就是意识到他们中（或者他们所领导的员

工里）有多么少的人在工作中满足了自己人际关系的心理需要。员工迫切需要与工作之外的朋友们始终保持联系，是因为他们在工作中缺乏人际关系的满足——尤其是那些在婴儿潮时期（20世纪60至70年代）出生的人们或千年一代（1981年以后出生的人）。

我请你现在思考一个我曾向那些全球领导者提出的问题：当你头脑清醒时，有百分之多少的时间花在了你的工作上？你需要考虑这些时间段：准备去工作，去公司的路上工作，从公司回家，以及减压过程。你大概会花费清醒时间的75%在工作上。如果你对人际关系的需求在工作中无法得到满足，并且你75%的时间都花在了工作上，那么这个需求在哪里才能得到满足？没有什么东西叫“补偿的需求满足”。作为首席研究员，雅克·福雷斯特博士告诉我，满足需求对每个人来说都很重要，无论何时何地。如果你在工作中无法让人际关系心理需求得到满足，你也不太可能在工作之外非常有限的时间里补偿这种需求。

作为领导，你所拥有的一个重要机会是帮助下属寻找工作中的意义，为社会目标做贡献，并在工作中体验到健康的人际关系。但这件事有一个难点：在工作场所探索健康的人际关系不被鼓励，甚至不被允许。令人遗憾的是，一些诸如“这不是私人事务，这只是工作”这类的想法损坏了工作的某个方面——我们人际关系的质量。这对于我们人类的健康发展至关重要。

当主管们对下属的工作施加压力而不理会他们的感受时，下属们会认为主管的行为显得自私自利。这些过于普遍的激励方法损害了工作中的人际关系，以及人们的工作表现。

你扮演的领导者角色是为了帮助人们体会到工作中的人际关系：关心别人，感受到别人的关心，坦诚地与别人保持联系，并为比自身更重要的事情做出贡献。

在本小节里，布兰登·欧文博士的研究对自主权进行了描述，表明安静的教练和喜欢口头鼓励的教练比起来，前者能够让训练者拥有更高的生产力。请注意，拥有一位教练至关重要。有运动教练指导的人会比没有教练的表现更好。但你不能否认不同类型的指导所带来的影响。布兰登相信人际关系也会在训练结果中起到重要作用。

训练者认为喜好口头鼓励的教练并没有服务于他们的最大利益，只是满足教练自己的利益而已。在某些情况下，训练者将教练口头的逼迫理解为他需要赢。另外，在教练指导训练者完成既定目标的过程中，如果后者感觉到前者的指导能力要逊色于后者自身的能力，那么后者就会将这种口头鼓励更多地看做是教练对自己的激励而不是对训练者的激励。

这项发现对于工作场合中的人际关系尤为重要。如果你的下属感觉自己被你或者这家公司利用了，或者感觉你对他们的关注并非发自内心，或者怀疑自己只是别人完成某件事的工具，那么他们会感受到与良好的人际关系完全相反的一面。

激励对他人之所以不起作用是因为你不能强迫别人去感受人际关系。但作为领导，你可以挑战那些损坏职场人士人际关系的观念和做法，从而激励人们拥有健康的人际关系。这就意味着你需要关注下属的感受，提高处理他们情绪的技能，变得更有人性。

第三种心理需求：竞争力

你是否会因为看到婴儿学习走路而感到快乐？你注意到了什么？他们会摔倒很多次。你从来不会问为什么他们会摔倒。很显然，他们正在学习走路的过程中。但为什么他们会爬起来？当他们自己爬起来并再次尝试走路时，为什么他们会“咯咯”地笑，而不是“呜呜”地哭？答案就是，他们在学习、成长并掌握这些技能的过程中感受到了快乐。我们的第三种心理需要是竞争力。

竞争力表示我们需要感受到自己能够有效地处理日常的挑战和机遇。随着时间的流逝，它也在不断展现技能。它是一种对成长和繁荣的感受。

任何照顾过 2 岁学步小孩的人都有过这样的经历：孩子会不停地问你各种“为什么”。为什么这个小孩要问“为什么”？因为她喜欢成长和学习。我们通过建立一些系统（比如学校）来促进她的学习。此时我们就会利用压力作为“大棒”来鞭策她，使她获得好的考试分数，并鼓励她参加各种活动，这样会使大学申请表格内容好看些。我们评价她的学习，用金星、公开的表扬以及“本月优秀学生”荣誉称号作为“胡萝卜”奖励她的优良表现。你是否考虑过其他 99.9% 的没有获奖的孩子对此会有何反应？

一些学校系统开始注意到这种激励计划毫无价值，因为它只奖励了极少数人，而让大多数人感到气馁。现在的趋势是“每个人都能得到一座奖杯”。但该解决方案依然无法为我们的孩子带来他们真正需要的有效教学或实际反馈，无法满足他们对竞争力的需求。

激励孩子学习不起作用的原因和激励成人不起作用的原因一样，他们已经有动力去学习了。孩子们有学习和成长的心理需求。用胡萝卜“贿赂”孩子或者用大棒驱策他们会转移他们对学习天生的喜爱。当我们若干年以后看着孩子在工作中的表现时，我们不禁会问孩子的好奇心到哪儿去了？这些孩子曾经在学习和成长的过程中受制于无效的激励方式，现在在工作岗位中又着迷于激励的“垃圾食品”，比如绩效工资体系以及详尽的奖励和激励计划。

激励他人之所以不起作用，是因为你不能将成长和学习强加给个人。但你可以提供一个不会削弱员工竞争力感受的学习环境。在经济不景气的时期，员工的培训课程被砍掉，这在竞争力的重要性方面传达了什么信息？当教育机会只聚焦于或者只局限于主管或高层领导时，这对于我们所拥有的个人成长的信念传达了什么信息？讽刺的是，公司将主管们从办公室里请出来参加公司外的、持续多日的战略会议，却没有提供持续的培训课程来强化他们的领导技能。公司更不太可能为一般级别的员工提供培训课程来促进他们的进步。太糟了，人们需要在生活中的各个领域感受到竞争力——尤其是他们花费绝大多数时间待的地方。如果他们无法在工作中体验到竞争力，那么他们很可能不会拥有一个全面的竞争力意识——这会为他们生活的每个方面都带来负面影响。

在每一天结束后，如果你只问员工“你今天做了什么”，那么你可能会错过提升他们能力的好机会。请试着加几句话：“你今天学到了什么？你在哪些方面有所成长？”

心理需要：彩虹 ARC（ARC：自主权、人际关系和竞争力）

请注意心理需要和激励前景之间的联系。正如你在激励范围模型（图 2.1）里看到的，当一个人体验到高质量的心理需要时，他会有一个最佳的激励前景。也就是说，如果他的自主权、人际关系和竞争力这三种心理需要得到了满足，那么他就会有均衡的、整合的或内在的激励前景（在彩色版的激励范围模型里，这三种最佳激励前景将呈现出彩虹中高频率震动光波的颜色——蓝色、深紫色、紫罗兰色）。

当一个人体验到低质量的心理需要时，他会有次最佳的激励前景。也就是说，如果他的自主权、人际关系和竞争力这三种心理需要没有得到满足，那么他就只有不感兴趣的、外在的或强加的激励前景（在彩色版的激励范围模型里，这三种次最佳的激励前景将呈现出彩虹中低频率振动光波的颜色——红色、橙色、绿色）。

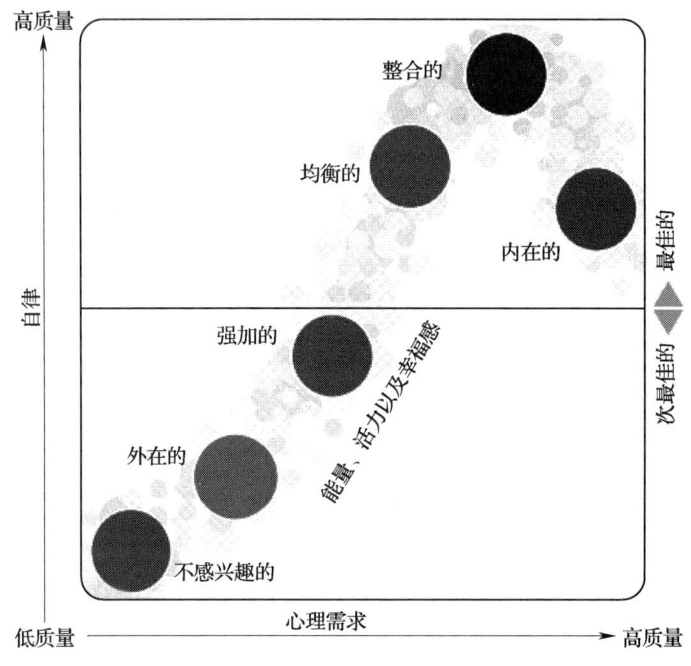

图 2.1　激励范围模型——心理需要

ARC 多米诺效应

即使你已经分别了解了这三种心理需要，你也需要了解 ARC 的整体属性，因为这同等重要。

想象一下，假如你的主管有较强的控制欲，他微观管理（即管得非常细）所有员工和项目，无论他们是否需要。他既没有注意到、也不关心自己不恰当的领导方式所带来的机会损失，以及这种领导方式对下属的心理需要所带来的影响。他似乎对于一成不变的领导方式感到满意——毕竟他自己在公司里的职位在不断攀升。

多年以来，你已经向他证明了你的工作能力，尤其是在收集销售数据和向总部提交季度报告方面。实际上，当他不在公司时，你自己完成了报告。然而你的主管依然要求检查并修改你的报告，然后他自己再发给总部。他所做出的修改似乎过于武断。你就是没有办法取悦他。他的微观管理方式损坏了你的自主权——他控制着你的工作，不允许你考虑自己。你不敢向他的上级投诉，因为你已经见过了投诉的人往往都没有好结果。

这就是 ARC 多米诺效应开始的情形。你缺少自主权，于是你对自己的竞争力也产生了怀疑。你不能承受上司对你工作的过分介入或者公司里政治元素的介入，这将进一步破坏你的竞争力。你的上司缺乏有效的领导才能，很难感知到你的需求，并且肯定以自身利益为主，这些都会阻止任何良好人际关系的形成。无形的外界阻力（他的微观管理模式，以及你的担忧）折射出你内在的幸福感处于什么状态。如果经济形势变好，找工作变得容易，你一定会离职。

至于你的工作报告，你要完成它们是因为你害怕如果不做的话会带来的后果。你处于一种强加的激励前景中。你被担忧所驱使，或许还有一点内疚感，于是你完成了你的工作。整个过程你都在想，我会完成这些报告，因为我不得不这样做，但是我讨厌做这些事。我只要能让报告通过就可以了。你懒得在工作中加入创新意识或者提高它的质量，因为反正你的主管很可能要改变你的工作成果。

还有更糟的消息。你开始概括你的次最佳激励前景，于是你会想：我每天起床的唯一原因是拿我的薪水！突然，对于你的工作，你有了外在的激励前景——这一切变得都只是为了钱。

当这三种心理需要全部得到满足时，人们才会享受到正能量、活力和幸福感。但是（这是一个很大的“但是”），每一种心理需要都依赖着另外一种需要。哪怕缺失了其中一种心理需要，ARC 多米诺效应都会充分展现出来。如果 A（自主权）或 R（人际关系）或 C（竞争力）消失，那么其他的也会不复存在。

激励的小型个案研究

闲聊的艺术

对于一个中等规模度假村的酒店餐饮总监来说，阿特就是利用他的做事方式立即获得成功。“对于服务员来说，一切都是为了小费”。他解释道，“我教我的服务员们如何通过闲聊获得更多的小费。他们得到了鼓励，因为他们越是和顾客聊天，提到客人的名字、表现出人格魅力，甚至是适当地触碰客人，他们的小费就越高。他们能看到两者之间一个直接的因果关系”。

这个方式很有效。大多数服务员都能获得更多小费。而我们需要思考的问题是，阿特的策略究竟鼓励了什么样的激励前景。他对“增加小费”这方面的关注让员工感受到了自主权。如果我选择去和人闲聊，我就能得到更多的小费。阿特对特殊行为的关注以及更多小费的即时反馈都强化了员工们的成功、成长和学习能力，或许还有一种“竞争力”的感受。

似乎阿特满足了他的员工对自主权和竞争力的需求，但他忽略了人际关系。在以人为本的行业里，阿特没能促进员工和顾客之间关系的形成。除了赚更多的小费，几乎没有员工能够理解他们工作的意义或者更深层次的目的。

在这一夜的工作结束之后，一位服务员一如往常地说了一句折射出外部激励前景的话：“哇，看看我赚了这么多小费！”请思考这句话和另外一句折射出最优激励前景的话之间的本质差异：“我觉得，对于那对夫妻来说，有可能他们今晚遇到的唯一一件好事，就是遇见了我。他们来的时候带着坏脾气，离开的时候却是欢声笑语。托尼在为两张桌子的客人服务，我来协助他，这感觉很好。我们作为一个团队，合作亲密无间——就像加足了润滑油的机器。因为我做出了贡献，所以我感觉很愉快！而且，除此之外，我做着我喜欢的工作，这也是我擅长的工作，我发现很有意义的工作，而且同时还获得了报酬”。

阿特错过了一个绝好的机会来创造一个能够让员工体会到 ARC 力量的工作场所。他本可以在建立关系、提升服务或建立老顾客群体上获得成功，而不仅仅是赚更多的小费。他本可以帮助员工探索他们的服务拥有什么价值，挖掘他们的创新能力来提升服务质量，或者让员工更加享受他们的工作。他本可以向员工们展示，为一位顾客的用餐体验带来积极影响或者对工作的喜爱将如何为员工自身带来满足感。阿特本可以通过帮助员工转变外在的激励前景，为他们带来更深刻的、更重要的体验。

阿特并不理解究竟什么能真正地激励他人。这个问题一直纠缠着他。他对外在激励前景的关注显然无法持续太久。当他的员工完全掌握了“闲聊战略”并最大化他们的小费之后，就没有继续成长的空间了。当淡季来临，经济衰退，与顾客闲聊所获得的小费也变少了，此时，员工的表现也不如以前好了。

当他的员工以及他们服务的顾客开始抱怨时，职员的流动率便会增大。阿特对此的回应是：“让员工提升服务质量的唯一办法就是付给他们更多的薪水，建立奖励机制，激励他们更努力地工作并给予物质奖励，但我没有太多预算来做这些”。

大多数公司一旦没有足够的钱来不断增加员工工资和实施物质刺激计划（也就是利用传统的激励方式来激励员工），他们就会将这些工作岗位定位成流动性很大的岗位。阿特也是如此，他将服务员定位为高流动性的岗位。他努力说服自己招聘和培训员工的成本不断增加在这个行业里很正常，同时怪罪不称职的员工对营业额和顾客忠诚度带来了不利影响。

想像一下，如果阿特能掌握真正激励他人的因素，会发生什么。他本可以提供更多的选择来获得成功，帮助员工发现服务他人的价值，鼓励员工有创意和新的技能，并通过这些来促进员工对自主权、人际关系和竞争力的感受。他本可以为员工带来更多的能量和活力，以及能够长期持续的优秀表现。

颇具讽刺意味的是，这家度假村酒店的所有者们认为阿特不称职，并辞退了他。他们反而认为，酒店餐饮总监是一个高流动率的职位。

扼要重述“什么能激励人们：真实的故事”

激励的真实故事，就是人们对自主权、人际关系和竞争力拥有心理需要。“人们没有被激励”是一个错误的想法。他们渴望某种需求，只是他们自己说不出来那到底是什么。你是否在工作中认识这样的人，他们不想做出好的选择，不想带来积极的影响，或者没有好奇心，我反正不认识。

激励的真实故事，就是人们都在不断学习，渴望成长，喜欢自己的工作，工作高效，做出积极贡献并建立持久的关系。这并非由于外在的激励力量驱使着他们，而是他们天性如此。第三章将探索对于人类而言，想要满足对自己幸福感至关重要的需求为什么会这么难。

第三章　驱使的危险

小心被驱使。如果你被驱使，那么是谁在驱使着你？很多年以前我就听过了这种说法，并且从那以后，“被驱使”对我来讲便有了负面的含义。我从来就不喜欢外界的人或者事在控制我。然而，似乎我的想法只是少数人的想法。谈到激励却不使用“驱使”这个词几乎不可能。经常受到驱策的人会被认为是受到了很多激励。而一个未受到太多驱策的人会被认为是激励不足。内在的驱动力是一件好事，我能够承认这一点，但是它取决于内在驱动力的本质。驱动力将你推向何处？为什么会这样？

过去一百年里最流行的激励理论之一叫作“内驱力理论”。该理论的观点是，我们之所以被激励，是因为我们要得到自己没有的东西。如果你渴了，你被驱策去喝水；如果你饿了，你被驱策去吃东西。“内驱力理论”的普遍使用让人们乐于接受“力求结果”“力求成功”和“力求完美表现”的做事态度。该理论作为激励的一般理论，它的问题在于当你喝完或吃完后，你的需求得到了满足，直到你的身体再次缺乏水或者食物，你不再有内在动力去摄取食物和水。现在我们开始掌握“驱使”的真正代价。

反驱使理论

你的心理需求并非动力。实际上，它们与动力完全对立。当需求得到满足时，动力就不复存在了（比如口渴时我们喝水，或者饥饿时我们进食）。然而，当心理需求得到满足后，你体验到了正能量、活力和幸福感，而且你还想要更多！你可能在自己经常从事的积极活动里，体验到了这些感受，比如跑步、冥想、做志愿者、和孩子一起玩，或者积极参与某项活动。

体验到 ARC 的人在不断成长。他们不需要别的人或事来驱策他们。

勃兰特在圣迭戈大学学习由我主讲的“行政领导”高级课程，他将自己描述为“受到强烈驱使的人”。于是我向他提出一系列问题：是谁或者是什么在驱使你？你是否被金钱、奖励、权力或地位的前景所驱使？你是否因为要消除恐惧、羞愧和内疚而受驱使？你是否因为要避免让重要人物或者自己失望而受驱使？

即使长达一周的课程让高层领导自省是一件充满挑战的事，勃兰特对于研究他内在动力的来源和质量持如此开放的态度让我钦佩不已。他与我们分享道，尽管他是一家久负盛名的电子企业的成功主管，他一直渴望一些他无法描述的东西。他感觉自己在心理、生理和情绪上都失去了平衡。勃兰特与我共同探索了出现紧张工作行为的主要原因，他信奉的价值观和实际的价值观之间出现了什么样的鸿沟，以及他的现实情况与他的梦想、生活目的之间的差异。勃兰特很快就发现了这个事实：“被驱使”就是“我身不由己”的另外一种说法。

勃兰特开始承认有外界的事物在驱使着他，并激起了他的情绪、感受和行动。这种“外界事物”，结果是他需要证明自己，因为他渴望得到父亲的钦佩——这位父亲又恰好是计算机行业的传奇人物。

深藏心底的情绪和信念结果是异常行为的根源，发现这一点也并不为奇。至于为什么我们的幸福感、意图和行为出现了异常，去探寻这些问题的答案才具有开拓性。

异常行为之所以出现，是因为我们对 ARC 的心理需求未能得到满足。理解这个情况之后，我们可以着手解决它。

结果证明，勃兰特多年以来一直在外在的激励前景（对表扬、批准和有形奖励的渴望）与强加的激励前景（害怕让父亲感到失望）之间不断徘徊。他驱策自己达到自我强加的标准，并通过升迁、经济回报和公众的赞誉来衡量自己是否达到标准，而这一切都损害了他的自主权。讽刺的是，他想要取悦父亲的愿望妨碍了自己体验到一种真实可信的人际关系。布兰登的竞争力似乎总是逊色于他所认为的父亲的竞争力。他一直在试图寻找一种方法来缓和他的渴望，但他的出发点总是错误的，采用的也全是错误的方法。

勃兰特的次最佳激励前景（外在的和强加的）造成了他低质量的 ARC 心理需要和负能量、缺乏活力以及不太积极的幸福感。他需要找到合适的方法打破垃圾食品般的激励前景所形成的恶性循环，正是这样的循环才使得这种不良情况始终纠缠着他。勃兰特很好地描述了他的情况："我简直像是吃了太多的油炸薯条。"

自律：达成满意结果的方式

人们想要快速地成长。当人们的自主权、人际关系和竞争力得到了满足时，他们就会进步和成长。那么问题在哪儿呢？

心理需要十分脆弱。它的力量存在于整个 ARC 的效能中，一旦其中一种心理需求失衡，另外两种也将受损。工作和生活很容易阻碍我们体验到 ARC。公司利用垃圾食品般的激励方式引诱我们，从而损坏了我们的自主权。个人一旦释放了情绪的洪流，就有可能会冲垮人际关系。改变的步伐威胁着我们的竞争力。我们将如何保护我们的心理需要，防止其他事物的干扰？答案就在激励范围模型里标注了“自律”的垂直轴上。

自律，即用心地管理自身感受、思想和价值，并通过即时的以及持久的积极努力来达到一个目标。你必须理解“自律”在帮助你满足自身心理需求中所起到的作用。你正在创建一个能够培养员工高质量的自律需求的场所，以此来满足他们的心理需要，而你需要认识自己在这个过程中起到的作用。

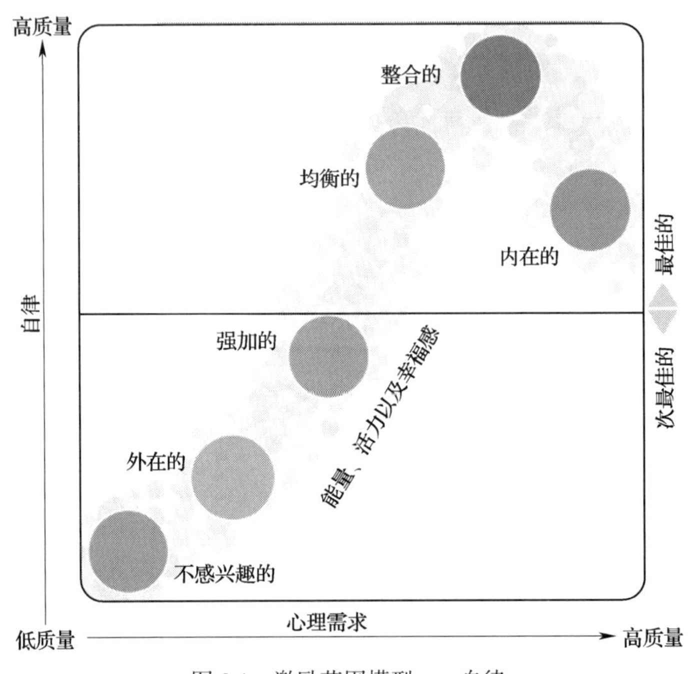

图 3.1　激励范围模型——自律

自律的本质：吃掉棉花糖 

将一个棉花糖放在孩子面前，请他等待 15 分钟之后再吃。然后离开房间，通过隐藏的摄影机看看到底会发生什么。这就是研究人员在 20 世纪 60 年代末及 70 年代初在斯坦福大学做的实验：他们告诉孩子们，如果他们等15分钟再吃这个棉花糖，他们就会得到额外的一个棉花糖。在研究拍摄的片子中，你可以看到孩子眼前一亮，似乎看到了两个棉花糖在不远的将来等待着他们。实验目的是测量孩子们处理延迟的满意情况的能力。接下来发生的事情让人瞠目结舌——也让人异常兴奋。

一些孩子最多等待了几秒钟，就把棉花糖塞进了嘴里。其他孩子还在尝试等待。孩子们阻止自己吃棉花糖的策略非常吸引人的注意：他们遮住了自己的眼睛，假装在睡觉，接着在屋内走动。一些孩子舔了棉花糖一下，舔出一个坑，但没有继续咀嚼它。一些孩子使劲地闻，直到他们差点就吸进鼻孔里。

多年以后，研究人员重访了当年的研究对象，并将他们之前的“延迟满意度”得分与他们目前生活中的各项标准相比较，包括SAT（美国高考的一种）得分、教育程度，以及体质指数。他们惊讶地发现，两者之间存在非常紧密的联系。那些曾经能够耐心等待最长时间才让自己满意地吃棉花糖的孩子，也就是自律程度最高的孩子，拥有更高的生活标准得分。研究人员推测，拥有更高自律程度的孩子更有可能在今后的生活中获得成功。

这项“棉花糖研究”很好地证明了自律是今后成功的一项重要因素。然而，作为“自我领导”这一理念的拥护者，我担心一些人可能会将研究结果解读为：自律是人与生俱来的品质，而不是他们自主选择或者在后天发展的东西。这就是为什么美国罗彻斯特大学在2012年的研究引起了我的注意。这些研究人员在思考，孩子的理智思考过程对他们自律能力起到什么作用。在罗彻斯特大学的实验里，“教师们”设置了一项艺术项目，来探索为什么某些孩子能比其他孩子展现出更高水平的自律。

孩子们被安排进两个场景中的某一个——一个可靠的情境和一个不可靠的情境。他们被告知，他们有两个选择：如果立刻开始动手做这个艺术项目，只能用手边已有的一些材料（玻璃罐中装的一些老旧的、用过的蜡笔），或者可以等老师过来提供更多的艺术材料。所有的孩子选择等老师过来提供好材料。过一会儿，处于可靠情境中的老师带着大量新材料回来了，正如之前承诺的一样；而在不可靠情境中的老师则带着歉意回来了，因为她最终没能拿回材料。

在实验拍摄的视频里，你首先会注意到材料送来时孩子们的反应，以及材料没有送来时他们极度的失望。没有得到承诺的更多更好的材料所带来的失望情绪，使得他们不太愿意积极地做他们的艺术项目。

这是一项重要的发现，而且它的意义并不局限于孩子、艺术项目以及工作场所，但它并非罗彻斯特大学研究者们的研究主题，实验的主题还是关于那些棉花糖。当孩子们继续完成艺术作品，隐藏的摄像机继续拍摄时，老师宣布是时候吃零食了。孩子们又需要做出选择：是现在吃一个棉花糖呢，还是等老师回来之后给他们每人两个棉花糖?

从视频中你能看到，很多孩子采用了之前的棉花糖研究里孩子们所采用的方法。这些孩子的眼睛里又一次闪现出对两个棉花糖的期望。一个孩子咬了一小口棉花糖的底部，接着又放回盘子里，希望没人看见。一个孩子直接坐在了棉花糖上——眼不见，心不烦，最终，所有的孩子在一刻钟之内吃掉了他们的棉花糖。

这次的棉花糖研究同最早的棉花糖研究相比，有一个不同点。在可靠情境下的孩子，也就是得到了承诺的艺术用具的孩子，比不可靠情境下的孩子多等候了四倍的时间，才让自己满意地吃掉棉花糖（前者平均时长为 12 分钟，后者为 3 分钟）。这些孩子的自律质量与他们的环境和经历，有着千丝万缕的联系。

研究人员得出结论：当孩子们处于一个几乎没有长期收获的环境中时，他们就想在当下最大化，他们能获得的东西，这似乎说得通。孩子们认为，如果他们并不相信让自己满意的东西会到来，那么他们就会觉得耗费精力先等待一段时间，才拥有满足感很是不值。这种情况下，孩子更有可能表现冲动，而不会自律并希望得到回报。显然，处于可靠情境里的孩子有不同的体验，而且他们对于自己做出的选择有不同的解读。根据之前的经验，他们相信等待是值得的。

这一切“吃棉花糖”的实验，对于现实工作来说有着重要的意义。还记得第一章里提到的“评价过程”吗？雇员们一直在评价他们的工作场所，评估它是否可靠、是否安全、是否值得信赖。一个人在可靠、安全和值得信赖的工作场所中，更有可能拥有更高程度的自律。

领导者和各种组织机构需要更加努力地创造这样的一个工作环境，即人们不需要太过辛苦就能做到自律，对吧？不幸的是，就算是最好的工作场所也会让我们失望，带来不好的感觉，让我们更容易受伤，刺激我们的情绪，使我们一时冲动就想大口吞咽垃圾食品——无论是棉花糖、小团食物或是炸薯条，吃得能有多快就有多快。人们无法依赖完美的工作场所，他们需要学习如何自律。他们得学习如何驱使自己，而不是被别人或事物所驱使。

如果满足我们的心理需求是目的，那么自律就是达到这个目的的手段。

自律的最佳选手

自律是一种机制，能够抵消损害我们心理需求的情感冲动和阻碍。人们需要高度自律来协助管理自身工作体验，只要他们希望自己拥有最优激励前景。有三种途径可以有效地提升自律质量——保持专注、价值观以及目的。这些都是自律的“最佳选手”。

专注：自律的第一个最佳选手

专注就是留心——对目前正在发生的事保持清醒，并适应所处的情况，不对其评头论足，也不做出欠考虑的行动。这是一种状态，也是一种技能，需要在实践和耐心中不断得到提升。

我恰好就没有所谓的“性格上的专注”。我花了好几年的时间才变得更加专注，我发现自己需要每天练习。每一个人都有专注的能力，只是其中一些人比其他人更加专注。我的天性则是倾向于快速做出判断并行动。一旦我知道了我是对的，而别人是错的，我会出于愤怒和自以为是的情绪立即做出反应。如果我认为有一些不公平或不公正的事情，或者我所认为的愚蠢的人、组织和系统让我有理由生气，我就会产生一大股愤怒的能量。对于我来说，当我没有谨慎思考时，我的性格会变得外向、直接、有斗志。我会有一股想攻击别人的能量，发现自己正将另一个人放倒，并大声地抨击和抱怨。有时候我会特别猛烈地进行抨击——攻击某人的性格或者行为。

其他人则会以不同的方式，表现未经思考的行为。一些人会通过大喊、痛骂或威吓的方式，表达出愤怒或沮丧情绪，或者自以为是地发作一通；而另一些人则会表现得安静、消极但有攻击性，或者会避开那些阻碍满足自己心理需要的人或事。

当我们没有处于专注状态时，我们所做出的反应会倾向于典型行为模式（在这种模式的行为中，大多数都是我们天生固有的，在生活中潜移默化而得的）或者不受控制的情绪，尤其是当我们有了以下的感受：

- 我们感受到压力，或者无法控制某人或某情境（自主权的缺失）。
- 某人或者某组织机构让我们感到失望，或者辜负了我们的期望（人际关系的缺失）。
- 我们无法有效地应付某人或某事（缺少竞争力）。

然而，保持专注将带来一种新的世界观，这种世界观不包含会影响你激励前景的信息筛选工具（filters）、以自我为中心的想法或历史制约性。

当人们不能控制自身的行为时，他们缺乏专注的表现折射出低质量的自律。原因来自于这三种次最佳的激励前景之一：

- 不感兴趣的激励前景——人们无法积极参与事务，是因为他们不知所措，但又无法静下心去思考，或者做出明智选择；他们无法将活动与价值观或任何有意义的东西联系在一起。
- 外在的激励前景——他们醉心于自己释放的力量中，被自身的领导地位所刺激，或者被外部的奖励、物质激励所控制。
- 强加的激励前景——他们感觉自己没有别的选择，且只有一种办法对付这种情形。

讽刺的是，次最优的能量可能会让人上瘾，也会让人筋疲力尽。人们自以为是，感到愤怒，并在激烈的竞赛中击败对手，最终感到一阵狂喜，这些行为所迸发的肾上腺素会像垃圾食品一般将一个人喂饱。无论这种能量是通过消极的挑衅行为，以及无声地不参与事务这种更加内在的方式释放出来，还是通过沮丧或不耐烦的情绪这种更加外在的方式释放，请考虑这一点：唯一保持这种负能量的方式，就是继续对一开始就带来负面情绪的人或事保持疯狂、愤怒和失望的情绪。保持负能量就需要不断补充负能量，于是便再也无法正常生活。

当人们在探索“保持专注”时，我希望他们能发现：与最佳激励前景所产生的能量相比，次最佳激励前景的能量黯然失色。

保持专注和ARC有直接联系。从专注发展而来的高度自律与一个人的激励前景紧密联系。柯克·沃伦·布朗是走在“保持专注”课题前沿的科学家，主要研究“专注”如何与心理需要的直接体验相联系。也就是说，当人们保持专注时，他们就几乎不可能体会不到ARC。有关“保持专注”的神经系统科学非常有意思。如果扫描大脑，你会发现“保持专注”和体验ARC能够刺激大脑中的同一块区域。你越是专注，你就越有可能满足自己的心理需求。

我和同事大卫·费希在我们的最佳激励培训课程中就直接观察到了这一结果。参与者们说出一个让他们感受到次最佳激励前景的一项任务、一个目标或者一个情形，一个学习伙伴从我们的“心理需要清单”中提出问题，来判断我们如何体验到了ARC。几乎所有完成了这个清单的参与者都有相同的表现：这个问题清单进行到一半时，他们感觉自己的激励前景发生了改变，这非常值得注意。这些问题的提法都不具有威胁性，它们让参与者们始终保持专注和清醒，而突然间这些参与者们意识到，我确实有选择的自由。对于这个目标我确实有与之相关的价值观。我确实有机会在这样的情形中达成我的目标。通过保持专注，我们能体会到我们有很棒的机会来成长，并获得自由。

“发生在你身上的事”与“你对这件事所做出的反应”之间有一段距离。“是否留意这件事”就是这段距离，在这里你就能想好应该如何做出反应。

当一个人保持专注时，他就体验到更高层次的自主权，因为他并未被自己可能存在的曲解的、偏移的、基于无关过往经历而产生的自我意识所控制。在这种专注的状态下，一个人能更好地体验到人际关系，因为她能发自内心地关心另一个人，而没有自私的诠释或偏见。保持专注还能加强他的竞争力，因为他能够做出更合理的选择，而不会毫不思考就给出反应——他能够操控和掌握他所处的任何环境。

当人们陷于自己形成的带有偏见的现实中时，他们只会有更少的选择来应对这种现实情况。

价值观：自律的第二个最佳选手

价值观是一个人对“好或坏”“更好或更坏”以及“最好”所给出的自身已有的认知标准。价值观是一个人决定长期接受的信念并使其作为自己工作和生活的准绳。

价值观是高度自律的核心，然而大多数人还没能挖掘出他们自身与工作相关的价值观，我觉得这很讽刺。如果你在走廊上拦住正在工作的某人，并请对方列出这家公司的价值观、目的或宗旨，他们很可能答得八九不离十。今天，很多公司都在推广企业核心价值和目的。这是好事。然而，我们不能满足于现状而停滞不前。个体需要确定、提升、澄清、声明并实施他们自己与工作相关的价值和目的——然后再判断他们的价值将如何符合公司的价值。

拥有清晰价值观的雇员更容易体验到高度的自律，无论有什么样的工作要求和挑战。但这其中就有问题了。首先，人们需要拥有成熟的价值观！如果价值观只是一些协助做出改变和正确决策的机制，那岂不是公司里所有的人都能透彻地明白自己的价值观，以及这些价值观是否符合公司的价值观？

这本书的其中一个论点是：激励人们没有用，是因为他们已经被激励了，他们一直都被激励着。关键在于他们的激励质量。价值观也是如此。人们的行为始终以他们的价值观为出发点；关键在于他们价值观的质量。

为你自己以及员工提升工作场所的价值尽管需要耗费你的一些时间，但很值得。将提升后的价值观与充满挑战的任务、目标或情境相联系，就能使一个次最佳激励前景和最佳激励前景之间的转换成为可能。

一个成熟的价值观可以有多种选择，只要你能够理解选择所带来的结果。这个价值观很重要，很珍贵。它会随着时间的推移而起作用。

价值观有一点很有趣，即提升价值观会成为一个让人随时保持思考的过程，这不仅折射出我们需要成长的方面，还折射出其他人的需求。以成熟的价值观作为行为准绳，能帮助我们满足自身的心理需求。

为了引导你的员工拥有一个最优激励前景，请将分配的任务、目标或项目与他们的成熟价值观相联系，从而帮助他们自律。为了做到这一点，你的下属们需要有成熟的价值观——并将你当作优秀模范。

目的：自律的第三个最佳选手

目的，即做某件事的深层而有意义的理由。当你的行为具有社会意义时，目的与某个宏伟的意图共同起作用，这个意图可能是你的行为被赋予了社会影响。

作为一名顾问兼作家，查尔斯·加菲尔德博士驾驶在旧金山—奥克兰海湾大桥上，准备去工作，突然他听到前面的收费站传出很嘈杂的音乐。他将车窗摇下来付过桥费，发现收费站里有位操作员在跳舞。“我在开派对。”操作员说道。加菲尔德将车开走时，他比以前大多数早晨都更加愉快，他意识到自己刚刚遇到了一位舞技一流的操作员。

加菲尔德感到很好奇，于是打算继续研究那位年轻人，发现他在生活中有一个目的，那就是成为一名舞者。他的同事们曾将收费站描述为“竖直摆放的棺材”，但这位年轻人将它看作是表演的舞台，将自己的工作看作是跳舞的机会。他对工作形成一套新的哲学，创造环境来支持他的愿望，同时娱乐了那些他服务过的人。你或许会怀疑是否有人能够达成高层次的成功并始终保持下去，而对这些一流舞者的研究则证实这样的人确实存在。一流的表演者并非以工作目标为导向；他们的价值观基于一个崇高的目的，并且被该目的所鼓舞。

驱使的危险在于，它会妨碍人们认清让他们跳舞的真正动力。若人们带着一个有意义的目的去完成目标，他们就更有可能达到甚至超过期望。如果因为某些原因，这个跳舞的收费站操作员没能完成他正确收取过桥费的工作，还阻止了后续的工作人员接替他的工作，作为他的上司，你应该知道问题的根源在哪里：他的职场角色、价值观和目的并不同步。然而，这位一流舞者依然有可能既达到你为他设定的目标，又能达到基于他个人目的的目标。

员工一旦明确了自己的价值观和愿景，并将其与公司阐明的价值观和愿景结合起来，那么他们就能更有目的地生活、工作甚至跳舞。

大多数组织机构都有一个愿景、使命或目标描述，但很少有员工能对于他们的职场角色抱有相应的愿景。这不仅浪费了机会，也是一种遗憾。若没有崇高的目的，还能有什么能诱使员工远离每天的垃圾食品轰炸呢？没有更高层次的目标或意义，谁还会轻易放弃那些油炸薯条而耐心等待承诺的棉花糖呢？

请与你的员工一起寻找，与他们自身角色相关的价值观和目的所形成的愿景，与你的愿景之间的平衡，并和他们一起得出结果，使其能够同时满足他们自己和公司的需要。带着崇高的目的来做事，能够折射出最高质量的自律。

激励的小型个案研究：自律与穆罕默德

想象一下，来自中东和非洲的三百位医药销售代表将通过竞争赢得一台 iPad mini（苹果迷你型平板电脑）。要求很简单：每个人都站起来。我掷一枚硬币。当硬币在空中时，每个人都喊“正面”或“背面”。如果你猜错了，就坐下去；如果猜对了，就继续站着猜下一轮。若干轮之后，只有一个人站着，这个人就能获得一台 iPad mini。

获胜者是来自埃及的穆罕默德，他对于赢得这个奖品感到非常激动，以至于飞奔到舞台抓起了它，还紧抓住了我的话筒。原来，穆罕默德在白天是一位医药销售代表，而在晚上则是一位歌手。他开始用阿拉伯语唱歌。突然之间，三百位员工站起来和他一起唱——他唱一句，下面的人就重复一句。如同电流一般，所有人都被带动了！

在这场欢乐过后，我解释了激励范围模型。我们探索了心理需求的水平轴，以及所有人（无论他们有何种文化、信仰、种族、性别或出生的年代）一旦满足了自己对自主权、人际关系和竞争力的需要之后，将如何体验到积极的、可持续的能量、活力和幸福感。我们探索了模型中充当竖轴的“自律”。我们进行了一些活动，让他们练习如何利用专注、价值观和目的这三种“最佳选手”，从而将次最佳的激励前景转化为最佳激励前景。

直到那天晚些时候，一切都顺利进行，这个区的主管找到我说：“苏珊，我们出问题了。穆罕默德作弊了”。“他作弊了，什么意思？”“他一直站着，猜错了答案也一直站着。他现在想归还那台 iPad。我们该怎么做？”主管有些心烦意乱。但我却看到了一个绝好的机会。

穆罕默德带着紧张情绪，同意分享他所吸取的教训和个人感受。他回到舞台上。他在一张纸上写下了他的忏悔书。他读的时候，双手抖得厉害。此刻他情绪很激动。他解释道，他自己现在明白了，他在“猜正反面”的活动里一直处于外在的激励前景中。他真的很想赢得那台 iPad mini，但他也想给同事留下深刻印象，成为这一刻的明星。同时，他也意识到了自己低质量的自律——他没能符合公司的或他自己的价值观，即诚实和正直。他说道，尽管赢了 iPad mini，但他感觉很糟糕，而这种感觉出乎了他的意料。他明白了这是因为通过作弊而获胜并没有满足他对自主权、人际关系和竞争力的心理需求。他想归还 mini iPad，让更有资格的人享有它。

接着，神奇的事情发生了。台下的三百人再一次站了起来，并为穆罕默德欢呼——而这一次的理由与之前那一次完全不同。这一次，人们感动得落下泪水，我也是其中之一。穆罕默德正在经历一种高质量的能量、活力和幸福感，而这些正能量如同海浪一般在房间里朝着所有人涌去。那一刻极好地展示了“激励就是一种技能”，而这一点正好是下一章的重点内容。

扼要重述“驱使的危险”

驱使所带来的危险就是它会带来外部的激励因素，从而损坏人们对于自主权、人际关系和竞争力的心理需要——损坏了他们激励的质量和可持续性。外部的激励因素可以是有形的，比如金钱、物质刺激或者更大的办公室，或者头衔；也可以是无形的，比如别人对你的认可、你的地位、你的羞愧或畏惧情绪。如果雇员们关注外在的激励因素，他们就被这些因素（或者任何正在驱使他们的人）所控制。他们或许自己还没意识到，自己早已失去了自主权。

人们最终会憎恶那些创造了损坏自主权的、有压力的工作场所的领导者。而且，人们认为纯粹以结果为导向的主管们都只是为了自身利益，认为这些主管所提供的支持带有附加条件：如果你按我所说的做了，那么我就会以某种方式奖励你。附带条件的支持损坏了职场中的人际关系。

通过施加压力和紧张情绪而力求结果，会妨碍人们的创造力和集中精力的能力，使他们在应付各种情况时感觉自己力不从心或者工作没有效果——而这又会损坏他们的竞争力。

高度自律和体验高质量心理需要之间有直接联系。人们可以利用高度自律的“最佳选手”来抵消日常生活中损坏他们对 ARC 的心理需求的驱动力。这将是第四章里探讨的激励的技能。

一旦员工们茁壮成长，领导者们就不再需要驱使他们。

第四章　激励是一种技能

多年以前，我拜访了爱德华·德西，他被公认为“内在动机之父”以及该领域里走在前沿的研究专家。我的目的是请他就我与同事大卫·费希和德瑞·齐格密所开发的、用于教授激励这项技能的模型和框架给出意见。在演示我们的激励范围模型时，我解释道：“我们想像出了一个全新的职场环境，每一个人都肩负一定责任并主动体现出他或她自身的最佳激励。为了体现你自己的正能量、活力和幸福感，你需要三种技能：

- 认清你目前的激励前景。你可以认识并理解你现在的幸福感，以及你正在做你所从事的工作的主要原因。
- 转变到（或者保持）一种最佳激励前景。你可以利用自律的三种最佳选手来满足自身对 ARC 的心理需求。
- 反思。你可以注意到拥有次最佳激励前景和拥有最佳激励前景之间的不同点。”

在了解了该模型以及三种技能之后，爱德华说道：“很高兴能看到这些”。他的认可给予了我很大鼓励。我继续说道：“我们还想教主管们如何通过激励前景的谈话来激励员工！”一片安静。过了很久，爱德华终于说道：“好吧，但我需要警告你们。领导者们必须先明白如何能激励自己，然后他们才能期待自己能指引他人”。他小心地摇了摇头，“你能想像一个讨厌做业绩评价的主管带着激励员工的意图做一份评价吗？结局一定不妙”。

我们对此表示同意。因此，带着一个清晰的愿景，我的同事和我开始教授领导者们如何通过学习自我激励的三种技能来应用最新的激励科学。但是，教领导者们激励自己比我们想像得要难得多！这并不是因为他们不愿意接受新观点，也不是因为他们对目前激励下属的方法感到满意，更不是因为他们能够接受处于次最佳激励前景的或者做事不积极的员工。教授领导者们有关“激励”的科学之所以很难，是因为他们相信自己的工作是激励他人，而不是激励自己。

或许是因为领导者们想要有控制权，或者他们感觉自己需要这种权力，毕竟他们有责任激励下属。其他领导者则认为，如果自己没有发号施令、监督或管理别人，则感觉自己不像是个领导者。

教授领导者们激励的三种技能也是一项挑战，因为他们迫切需要一种快捷而简单的方法来改善令他们最头疼的问题之一：做事不积极的员工。领导者们有责任达成公司的目标，以及提高员工积极参与度。他们想知道如何在当下激励员工。他们几乎没有耐心先学习使用自我激励的技能，然后再利用激励前景的转换来帮助他人。

试试这个：选择一项充满挑战的任务、目标或者情境

如果你在学习自我激励技能时感到动力不足，你可以尝试在一项重要任务、目标或情境中应用这三种技能，以此测试自己对它们的掌握程度。让学习这三种激励技能的过程与你的工作或个人生活中重要的东西联系起来。

当你在阅读本章时，请将本章节所讲内容化为你自己的东西。你可以

通过选择这样的一个任务、目标或情境来做到这一点：

- 你一直在拖延事情进展——比如总是晚提交你的开支报告。
- 其他人感到很沮丧，因为你一直没有解决事情——比如同意一项预算。
- 你没有勇气做出行动——比如将一个很棒的想法付诸实施。
- 光是想想一件事就能让你筋疲力尽——比如参加员工会议或委员会会议。
- 转变你目前的激励前景，并从一个全新的角度看待它，这会让你感觉到有意义，并且值得这么做——比如解决了与一位非常难相处的人之间的争端。

当你关注一个专门的目标时，学习就变得更加高效。然而，这三种技能不一定非得以目标为导向。你可以对自己在任何时候学到的、之前未经历过的事情应用一种积极的幸福感，尤其是当你的生物钟似乎不起作用或者发现自己情绪不好的时候。

你已将自己所学的东西应用在了你的个人生活上，现在，我将以“节食”作为例子谈一谈。这些日子以来，各种组织机构花费了很多钱，也提供了近乎奢侈的物资奖励来推广健康概念，这使得减肥和健康饮食成为了重要的工作目标。或许我们所有人都在生活中的某些时刻进行过“节食”或者设立健康饮食的目标。用节食来举例还有另外一个有趣的原因：用垃圾食品和健康食品分别来比喻次最佳和最佳激励前景是再好不过的了。运用激励技能或许是能让你彻底摒弃真正的（而不只是比喻意义的）棉花糖和油炸薯条的秘密武器。

激活最佳激励

三种用于激活最佳激励的技能是：

1. 认清你目前的激励前景。

2. 转变到（或保持）一个最佳激励前景。

3. 反思。

技能 1：认清你目前的激励前景

根据你对每一种前景的理解，请凭直觉选择这六种前景中的其中一种。先不要对你激励前景的好坏妄下定论，你只需要认清你目前的激励前景。

我在六个月里减掉了 25 磅（约 11.3 公斤）的肥肉，我在反思这件事时，我的激励前景有可能是：

- 不感兴趣的——我看不到减掉 25 磅肥肉有什么价值。可能我对自己的体重或饮食并不满意，但我完全不想为此目标而努力。现在减肥对我来说太困难了。
- 外部的——如果我在接下来的半年里达成了减肥目标，那么健康保险公司将为我提供一份奖励。我太想赢得这份奖励了。
- 强加的——我受到很大的压力才不得不减肥。我的亲人担心我的健康；我不想让他们失望，否则我会有愧疚感。
- 均衡的——我看重我的健康，而且减肥是一种变得健康的方式。我期待自己能减掉 25 磅。这对我来说是一个健康的选择。
- 整合的——我的生活目标之一就是成为自家孩子的榜样，并且有足够的能量使自己融入他们的生活中。减掉25磅肥肉是获得满足我目标所需的能量和活力的一种方式。

● 内在的——我热衷于减肥，而且新的饮食方案听起来很有趣，让人激动。我喜欢尝试新事物。

现在请回顾你对自身激励前景的认识，并再次确认。参考本书一开始给出的激励范围模型，然后回答以下问题:

● 你认为自己高质量还是低质量地满足了自身心理需求（ARC）?

● 相对于你的目标来说，你的自律（“最佳选手”的运用）质量是高还是低?

● 你对ARC的需求是否得到了满足?

● 你是否运用“最佳选手”来自律?

就减肥目标而言，我能通过深入剖析自身的心理需求来回答上面的问题:

● 一旦我告诉自己“我将要开始节食，不能吃任何我以前喜欢吃的东西”时，我的自主权受到破坏。而现在，对于那些我曾告诫自己不能吃的东西，我恨不得把它们都吃掉！我发现自己正在补偿低水平的自主权，补偿的方式就是吃掉所有本不该吃的东西。接着，我有了负罪感，并且生自己的气。

● 我之所以打算节食，是为了迎合我的医生，讨好我的家人。我害怕让他们失望。有时候我发现自己其实很讨厌他们干涉我的生活。我害怕无法达到他们的期望，害怕自己因为吃了本不该吃的东西而产生羞愧和内疚感，而这些害怕使得我与医生、家庭和我自己之间形成了低质量的人际关系!

● 我几乎没有什么竞争力。我的医生和家庭成员向我施压，这表明了他们不相信我能照顾好自己。或许他们是对的；或许我没法做对自己有好处的事。我不相信自己能够顺利完成这次节食。我以前每次减肥后，似乎总是能再次恢复体重——甚至比以前更重了。

这些语句对于那些曾经试图减肥的人来说似乎再熟悉不过了。它们都是低质量心理需求的例子。怪不得我们中这么多人放弃了节食!

现在考虑你的自律质量。你将如何评估“最佳选手”？比如，对于减重的目标，我将对自己的专注能力、价值观和目的做出以下评论:

● 我没有练习专注能力。当我吃下本不该吃的食物时，我尝试不去想它。我告诉自己，在完成了周五就该提交的报告之后，下一周真的要开始节食了。

● 我从来没想过将自己的价值观与饮食习惯联系起来。我也没想过为什么这个目标有意义或者很重要——除了苗条确实要比肥胖好，是吧？我将自己对正直、忠诚和诚实的价值观运用在我的工作报告里，但我不理解它们如何能与我的饮食联系起来。

● 我无法将自己与生活或工作相关的目的联系起来，因为我没有一个具体的目的。谁会有时间写一个目的陈述？我太忙了，我忙于生计，忙于养家糊口!

在每句话里，我描述了低质量的ARC和“最佳选手”，这些都表明了一个次最佳的激励前景。我认识到一种强加的激励前景，这种激励前景表达了个人对控制、愤恨、害怕和愧疚的感受。

在研究了你的心理需要和自律质量之后，对于自己的任务、目标和情境，你能得出什么结论？你目前的激励前景是什么？这和你在本节一开始凭着直觉判断的激励前景是否相符？你准备好学习下一个技能了吗？

技能 2：转变到（或者保持）一种最佳激励前景

在利用第一种技能时，你认清了自己目前的激励前景，所以你明白自己所处的位置。技能 2 包括自主选择你想要的位置（也就是你更期望拥有哪一种激励前景），并实施一项策略来帮助你达到这个位置。请你先仔细考虑这六种激励前景之间的区别，再做出好的选择。

每一种前景都各有利弊、机会和挑战，并阐释了你将如何达成你的目标并保持这份成功，或者如果你已经达到了目标，接下来应怎么做。

转变到不感兴趣的激励前景。拥有不感兴趣的激励前景的好处是，你能够避免耗费你所没有的能量，你也不需要改变任何事。而坏处则是你没有任何能量，你改变不了任何事。

如果你并非真正需要达成你的目标或者为目标而努力，即使你有所行动，你也处于一种不感兴趣的激励前景中，你的脑海里都是这样的想法：我不感兴趣，这跟我没关系，我不关心究竟是谁要我干这份工作，我没有能量来达成这个目标或者管理这个情况。

如果你有一个学习目标，又处于这样的激励前景中，你更有可能在读一本惊悚小说，而不是这本书。对于减肥的目标来说，如果我只是做出节食的表面文章，而实际上却在吃一大包薯条，那么我也是处于不感兴趣的激励前景中。

关键的问题是，如果可以选择，你为什么想要拥有（或保持）不感兴趣的激励前景呢？你本来有可能处于任何一种激励前景中。为什么要选择什么么也无法获得、什么也不会失去的处境呢？

转变到外在的激励前景。承诺，更多的承诺。外在的激励前景意味着，一个人做某件事纯粹是为了获得之前别人承诺给予的有形或无形的奖励。有形奖励就像是电影《甜心先生》里一句著名台词："把钱给我！"你可以将那句台词里的钱换成奖金、涨工资、一项激励措施、一个奖励、角落里的办公室、第一名、很棒的头衔或者一座奖杯。无形的奖励包括别人对你的注意、政治影响力、权力、地位、接纳、公众认可、私下的赞美或其他人的钦佩。

糟糕的是，"承诺给予外在奖励"是大多数组织机构经常采取的激励策略，因为即使这些策略实施起来会花费不少钱，但它们不需要花费太多精力或者创造力，无非就是进行下一场比赛、重新制定奖励办法，或者集资。你可能会在等级森严的机构里看到这些情况，即外在的激励前景被不断强化，因为就是那里的人发明了这一切，而这一切能带来他们想要的结果。

若你处于外在的激励前景中，你会发现自己说着这样的话：我决定做这件事，是因为它会影响我的生活方式；如果我现在做了这项工作，我的简历就会更吸引眼球；我会赢得同事的尊重和认可；我会做这件事，但我需要金钱的奖励、公众认可或者职位升迁。

这是一种怂恿人做事的激励前景——那些外部奖励很难让人拒绝。聪明的你或许还记得，外在的激励前景是激励中的"垃圾食品"，损坏你对ARC的心理需要。你或许有过这样的体验：做某件事的一开始，你浑身有劲，表现积极，因为你期待自己的努力能换来承诺的奖励。但请注意：你在取得卓越成就时所表现出的创造力、创新意识和耐心可能会打折扣，因为你只关注奖励，而不是成就本身。一路走下来，你或许会因自身努力而获得声望和认可，但你会发现你的名声转瞬即逝。当你在完成目标的过程中，你会得益于新技能的学习，但如果你为了追求目标而走了捷径，你所学到的技能也会打折扣。

另外，你会为外在激励前景辩解，认为它是有益的东西。你能赢，表明你有价值，表示你有能力完成一些事。为什么你要转变这种激励前景呢？

过分依赖外在激励前景或许会带来短期利益，但你会为此付出很多潜在代价，丢失很多机会，这很不划算。

在我的减肥例子中，如果我达成减肥的目标是为了赢得医保公司提供的奖励，为了让人们刮目相看，或者为了赢得某人的爱，那么我减肥的成果很有可能不会持续太久，并且没有我想象的那么令人满意。

如果你目前正处于外在的激励前景中，你就有可能损失创造力、创新意识、质量、生产力、心理和生理健康，以及 ARC，这些都使得你有必要考虑转变到一个更佳的激励前景中。

转变到强加的激励前景。强加的激励前景是最不健康的、垃圾食品般的前景之一！我们倾向于在这种前景里花费很多时间——比如完成各种我们认为自己不得不完成的任务或目标，或者我们这么做是为了避免负面的情绪，比如负罪感、愧疚和担忧。

在强加的激励前景中，你会听到自己说这样的话：我不得不做这件事；我不得不参与；如果我不做的话，我会有负罪感；如果不做，我就会感到羞愧；完成这件事会让我有很大压力，我担心自己完不成；我需要证明自己；我害怕让别人失望；我害怕让自己失望！

有时候，如果你认为带着压力“按别人的方式来做事”更像是为了保住自己的饭碗，那么你几乎就能够说服自己“强加的激励前景是有用的”。

你甚至还可以找这样的借口：你之所以害怕让别人失望，是因为你很在意这个人的看法。然而，“人际关系”表示的是两个人彼此相互关心，而不会别有用心；这种关系很纯洁，没有压力、紧张或义务来证明你确实关心自己正在做的事。比如，因为害怕让配偶失望而减肥，不同于因为爱配偶而减肥。这种区别虽然微妙，但却至关重要。

“人际关系”并不在于讨好某人、与别人和谐相处或者担心如果自己达不到对方的期望，对方就有可能与你断绝关系。

你猜猜看，到底是谁或者什么将你置于强加的激励前景中？你是否接受过一个会议邀请，然后当会议时间快到时，你心里想，我才不要去那个会议！你接受了邀请，你必须去。如果你不参加，你会感到负罪感。你害怕失去大人物们对你的尊重。你感觉到自己被控制了，压力很大。你开始感觉到愤恨。这些想法和情绪损害了你的自主权，即你以为自己可以自由选择。你接受了会议邀请，你也有了压力，以及如果不去参会就会产生的负罪感、愧疚和担忧。

对于强加的激励前景来说，讽刺的一点是，这个做了最多“强迫”工作的人或许就是你自己。

在我的减肥例子中，压力、愤恨和害怕失败既描述了我的体验，也描述了这种强加的激励前景。如果你在应对某个任务、目标或情境时处于强加的激励前景中，请认真考虑将目前的激励前景转变成接下来要阐述的三种最优前景之一。

转变到均衡的激励前景。在均衡的激励前景中，你不光达成你的目标，更让自己做的事充满意义。当你所做的事情符合自身的价值观时，你就处于均衡的激励前景中了。你将目标和价值观整合在一起，感受到了满足，并体验到了积极的幸福感。一旦你能够将自己的价值观与别人派给你的任务联系在一起时，你就更有可能在完成任务的过程中发现其意义。

在均衡的激励前景中，你会听到自己说这样的话：我自愿做这件事，我不是被迫的；我已经想得很清楚了，对我来说，积极参与并努力完成这件事非常重要；或许这不是我自己选择的，但我依然对此表示同意，并下决心做好它；我同意你对于“为什么这很重要”的解释。

尽管有这些积极因素，均衡激励前景依然存在多种挑战，需要你认真考虑。首先，为了与价值观建立联系，你需要有成熟的价值观。其次，如果你没有事先声明自己的价值观和意图，你目前的行动可能在别人看来显得有些自私。不过，该激励前景的优点依然多于缺点。

从次最佳的激励前景转变到均衡的激励前景会有很多好处。基于你成熟的价值观来行动能够反映高度的自律，并带来高质量的心理需求。当你根据自己的价值观做出选择时，也就满足了自己对自主权的需求——你对自己的行动有完全的掌控。你也满足了自己对人际关系的需求，因为你的目标与重要的价值观协调一致，你的行为拥有意义。你也满足了自己对竞争力的需求，因为你在聚焦于自身能量时充满了创意和生产力。

在我的减肥例子中，当我从强加的激励前景转变到均衡的激励前景时，我的能量、活力和幸福感就会切实提升。

而在你自己的生活中，从某个次最佳的激励前景转变到均衡的激励前景是一个很大的进步。但你依然能考虑其他的选择——整合的以及内在的激励前景。

转变到整合的激励前景。当你处于整合的激励前景中时，你成熟的价值观会少一分刻意，多一分自然。你认同别人请求你或者要求你做的事。当你做出行动时，你会展现出最好的自我。你会感受到某种层次的承诺。

你的情绪状态非常积极。你的行为拥有高尚的目标。

在整合的激励前景中，你会听到自己说这样的话：做这件事对我来讲非常有意义；我想一直参与这件事，因为它为我带来了目标感；我理解分配给我的任务，而且这个任务符合我的价值观，它展现出真实的我；之所以我要做这件事，因为从某种意义来说，我决定了如何过好自己的生活；我发现那些障碍都阻挡不了我；我致力于这份工作中，并不断取得进步。完成这项工作是因为它具有很强的目的性，至于它带来的金钱和其他奖励只是副产品而已。

如果你发现这种整合的激励前景最为积极，你可能是对的。当你在一个平和、充满目的性以及能够体现出真我的场所做出行动时，你的能量、活力和幸福感就会达到最高质量。这种激励前景的唯一缺点就是，你必须要有一种目标感！

在我的减肥例子中，从强加的激励前景转变到整合的激励前景将会带来质量完全不同的能量，获得短期或长期成功的可能性也会大大提升。

而在你自己的生活中，如果你能够在应对某个任务、目标或情境时，满足一个更深层次的目标，你就有可能处于整合的激励前景中。想想你的目标如何能满足一个崇高的目的。当你感觉内心不够平静，正能量不足时，转变到整合的激励前景一定有所裨益。

当你处于整合的激励前景中时，你会感到内心的平和。这种前景会让你的渴望得到最大程度的满足。

转变到内在的激励前景。在这种激励前景中，你对于自己做的事情有一种自然的、难以言说的兴趣，并乐在其中。你的任务、目标或情境或许需要耗费你大量的能量，但却是一种积极的能量。你常常忘记了时间，因为你太沉浸于其中了。

在内在的激励前景中，你会听到自己说这样的话：我不知道自己为什么愿意做这件事，我没有想太多，我就是纯粹的喜欢；这件事很有意思，我觉得它很有趣；我很容易沉浸于这项工作中——我从中就能得到这么多的愉悦感；我没有思考自己能从中获得多少有形或无形的奖励，做这项活动本身就是对我的奖励；即使我明白这是我的工作职责之一，而且也有薪资，但我并不是因为这些理由而做这些事；做这项工作是为了能够进行深入的研究，而且也很有趣；我在工作中完成了多个困难的挑战，并因此收获了喜悦和满足。

为了判断你在哪些活动最有可能处于或者转变到内在的激励前景，请你思考当你闲下来时你会做什么。成年人几乎没有“不忙碌的时间”，所以你需要回忆一下自己的孩提时期，那时候你有更多时间做自己想做的任何事情。

每次回忆我八岁时喜欢做的事情总能给我启发。我经常花费好几个小时，在“大酋长”品牌的写字板上设计和制作练习册，用来教我的还没上学的兄弟姐妹们读书识字。今天，我最大的乐趣之一来源于设计研讨会、教学以及写作。

内在激励前景是最自然、最贴近人的本质的前景——你所做的事情本身就是对你的奖励，你并不需要外界的敦促或奖励。

全身心投入。你是否曾经对一件事情非常投入，以至于到最后你惊讶地发现已经过了很长一段时间？时间悄然而逝，而你却丝毫没有发觉。

当你全身心投入某事时，你充满了能量，注意力高度集中，全神贯注于你做的事情上。同时，你也更有效率、更有创意，并拥有更加健康的情绪。

当你处于整合或内在的激励前景中的某一种时，你最有可能处于全心投入的状态。你在均衡的激励前景中也有可能出现这种状态；然而只有当你做的事情出于第二天性，并且不那么依赖自身已有的价值观和目标时，你就更有可能处于这种全身心投入的状态。

“投入”是很好的事情，尤其是当你处于带有意义和目的感的整合的激励前景中。“投入”在内在的激励前景中也有可能是件好事——或者不是。这要看你在做什么样的活动。

内在的激励前景中有一种潜在的负面影响。你是否曾被怂恿玩一款电子游戏或者手机应用？它会刺激你的学习，为你提供多种选择，并带来能够符合你的竞争力水平的诸多挑战。这是“全身心投入”的精神食粮。时间也过得飞快。

当你终于离开游戏时，你感觉如何？如果你感觉放松，打起了精神，准备承担更多有意义的目标和活动，那就太棒了！你玩游戏的过程为你带来了休整的机会，以及非常积极的益处。

但你在游戏上花了这么多时间，是否有一些愧疚感呢？想想为什么会有这种感受。有时候，痛快地玩乐要比基于成熟的价值观或者为了满足一个崇高的目的而做出行动要简单得多。或许你在玩游戏时感到非常愉悦，但你付出了什么代价呢？

如果你喜欢一项活动是因为活动本身让你喜欢，那么你就有内在的激励前景，这很棒。如果你喜欢一项活动，并能将它与成熟的价值观和崇高的目的联系起来，那么你就有整合的激励前景，而这绝对是件好事。“激励范围”模型为你提供了多种选择，帮助你满足自身的心理需求，并体验到正能量、活力和幸福感。

内在的激励前景在激励范围模型中的位置出现了骤降。你或许已经注意到这个模型的曲线了。内在的激励前景发生了向下的位移，因为它不需要高度的自律来完成真正有趣和自然的事情。一些事情很有趣并不代表它们就能满足所有的三种心理需求——尤其是人际关系。（几百万年轻人都处于内在的激励前景中，花费若干小时的时间玩电子游戏，全然不顾自己的身体健康状况，更不用提他们的社交技能了）

基于自身的价值观和目标来行动需要更高层次的自律。结果表明，远离游戏，并有意识地利用自己的时间和天赋来完成更多有价值的活动，这会带来更多的生理和心理健康，以及良好的社交状态。

请记住，激励范围模型并非一个连续统一体——任何时候你都能处于任何激励前景中，而且你只需一瞬间就能转变到其他任何一种前景里。

最优选择：转变到均衡的、整合的以及内在的激励前景。当你处于或者转变到这三种激励前景中的某一种时，你会看到实实在在的益处，包括正能量、健康、创造力、短期和长期的收获。但实际上，在工作中，一个人很难有机会体验到来自于内在激励前景的纯粹的愉悦，以及发自内心的满足感。这就是为什么拥有另外两种最优选择——基于价值观、目标和意义的均衡的激励前景，以及整合的激励前景对于工作中高质量的激励行为显得尤为重要。

让转变发生。转变的目的是为了满足你对 ARC 的心理需求。转变的手段就是自律。下面给出了利用三种“最佳选手”（专注、价值观和目的）来达到高度自律的建议。

● 练习保持专注的能力——有两种方式来练习你的专注力：

● 花一点时间来保持专注——此时，你已经下意识地选择了自己想要转变到的激励前景，或许你已经完成了转变！你认清了自己目前的激励前景，也考虑了是否有更好的选择，这整个思考的过程就是专注的一种形式，它能带来自动的转变。

但通常来说，为了完成一次转变，你需要深思熟虑，并下意识地做出选择。此时你就需要在一段时间内保持专注。堂娜，佛罗里达州的一位工厂经理，告诉我们她如何决定变得更加专注：在开会和打电话之前，花几分钟时间探索自己的感受，练习避免对别人评头论足，并对接下来会发生的事持开明态度。她还承认，由于她天生的个性，加之她是一位在男人堆里的女人，所以她以前性格暴躁、直爽、反应敏捷，同事们都了解她这一点。堂娜说道："后来我感觉心里要平静些了，但与之前的差别并不大；直到我练习了两周专注力以后，才有了明显效果。我那正值青春期的女儿以前从来不会注意到或者评论我做的事情，除非这件事让她难堪。但有一天晚上她突然跟我说，'妈，发生什么事了？你看起来跟以前很不一样——你一点紧张情绪都没有了'。我吃了一惊。如果我的女儿都注意到了这一点，说明我的变化确实很明显"。

● 使用"为什么的力量"——如果你被安排完成一件事情，但你对其并不感兴趣，或者你只会为了钱才会做，或者你不得不做，那么请问你自己，为什么你不想做。然后，对于你给出的每个答案，再接着提一个"为什么"的问题。不断问自己"为什么"能够帮助你层层剖析让你分心的理由，最终你会发现，你其实可以做出选择（自主权），能够找到意义或目的（人际关系），并从经验中学习和成长（竞争力）。通过问"为什么"，你就能获得一种保持专注的方法，并与自身的心理需求建立联系，而这些心理需求往往因为你对工作任务进行了次最佳激励前景下的解读而被掩盖了。

● 与成熟的价值观保持一致——问问自己，跟你从目前的次最佳前景中获得的东西相比，你更看重什么。如果你准备吃一大包炸薯条，问问自己，你认为比炸薯条更有价值的东西是什么，比如你的健康和幸福感。如果你准备发送一封带脏话的邮件，就因为有人做出了你并不同意的决定，请问问自己，你更看重什么——证明你是对的，或者想要获得一个更好的结果？如果你又要打算加班，问问自己，跟你努力工作想要获得的金钱和权力相比，你更看重什么，比如和家人一起吃晚饭，或者为孩子盖上被子，让他们安然入睡？

● 与一个崇高的目的联系起来。在本书的引言文字中，我提到自己最终理解了自己如何能够从一个爱吃肉的杂食动物一夜之间转变到一个严格的素食主义者，并始终坚持我做出的这个饮食决定。大约30年前，我正在观看一个与新闻有关的电视节目《20/20》，有一集提到了我们如何对待自己食用的动物，就是在这个时候，我的观点发生了明显的转变。那一刻，我意识到，我是不会再吃肉了。我做出这个决定并非因为自己有负罪感或者歉疚，也不是开始担忧自身健康，而是有一种强烈的愿望，尽自己的义务，让这个世界少一些暴力，多一些和平；少一些陋习，多一些良知；少一些自私，多一些与全社会的和谐共处。我现在能理解别人常说的“自律”了，那就是始终坚持心中一个崇高的目的，并以此作为行动的准绳。基于一个崇高目的而做出重要决定，这很有影响力，生活中几乎没有别的事情能比得过这一点。

下一章节将通过若干案例来教你如何利用这些策略来应对你领导的员工。但显而易见的是，你最好先对自己实施这些策略！

在任何场所都发生转变。十多年以前，我为一个小型志愿者团队开办了一系列培训课程，他们都愿意让我尝试下这些新观念，应用最新的激励科学。在我解释了六种激励前景之后，一位名叫马克的年轻人就此提出了一个问题：“我的妻子很喜欢情人节，每次都想用浪漫的晚餐、礼物、花朵和巧克力来庆祝，少一样都不行。我讨厌极了。我感觉这个节日是零售商们凭空创造的，就为了多卖点东西。我讨厌别人跟我说，我应该在 2 月 14 号这天以某种特别的方式来爱自己的妻子。我全年都爱着她。这一天有什么特别的？这件事是否属于强加的激励前景的范畴？”

马克的一席话让现场很多人（大多是男人）频频点头表示同意。我问他怎么处理这样的情况。他说：“哦，我就照她说的做了”。我问他为什么。他答道：“因为我担心如果我不这样做的话，这一年接下来的日子可能会不好过”。我们笑了，但这说明了一些问题。马克有足够的动力来庆祝情人节，但请记住，一个人始终有动力。真正的问题是他为什么有动力。显然，这个问题为他的能量带来了负面影响。马克庆祝情人节时，他处于强加的激励前景中。虽然我不能确定，但我打赌他妻子肯定能感觉到。

于是我问他一个问题：“你是否很爱你的妻子，给她在情人节这天想要得到的爱？”马克不需要爱情人节这一天。他需要感受到自己对妻子的爱，然后他就能将自己对她的爱意与庆祝情人节这个任务联系起来。马克说自己理解了，他会尝试去做。

十年以后，我参加一次会议，然后在用早餐时发现马克坐在我旁边。“哦！马克！我待会儿准备讲激励这个话题，打算用上你的情人节故事。我用这个故事很多年了，它是强加的激励前景的一个很好的例子，但我每次讲的时候你都不在现场。你愿意让我今天分享给大家吗？”马克目瞪口呆地看着我：“我不知道您在说什么，苏珊”。

于是我提醒了他十年前的那次培训课程，当时他曾提到自己厌恶情人节，但他很爱自己的妻子，愿意为了她而庆祝这个节日。他完全记不起来了。我感到震惊。正直是我的核心价值观念之一，我不会在工作中讲述编造的故事。马克能够理解我的惋惜之情，并安慰我，说他自己的记性很糟糕。既然这是一个好的故事，他同意我讲述。我有些犹豫，但决定还是要讲他的故事。

几小时过后，我开始讲述马克的故事。我向听众们表示，故事中的马克就坐在你们中间。当我讲到他决定转变自己的想法，将重心放在自己对妻子的爱而不是对情人节的厌恶上，此时马克突然大叫起来：“苏珊！我想起来了！”

所有听众的视线都朝向了马克。他解释了早餐时发生的事，当时他允许我讲这个故事，即使他自己已经想不起来了。接着，他说道：“我现在记得了，苏珊引导我对情人节产生一个不同的心态。我把这看得很重要，所以认真照做了——这实际上很有趣。实际上，妻子和我非常享受情人节，还决定将它当作每年的惯例。多年以来，我们甚至还有了‘情人节周末’——我们让爷爷奶奶过来照顾孩子，我跟她去一个浪漫的地方，共度美好周末。它成为了我们作为夫妻所拥有的一个重要事件，我都忘了我曾经有多讨厌情人节了！苏珊，这是否意味着我已经处于整合的激励前景中了？”

对于演讲者来说，这就是一个非凡的瞬间——你曾经计划好的东西出了状况，然后却出现了比你所能想到的更好的东西取代了它。当然，马克说得对。他最初是有意识地、凭着自己良心和妻子庆祝了情人节，出发点是他自身成熟的价值观。显然，在一开始他从强加的激励前景转变到了均衡的激励前景。多年以后，他在整合的激励前景中与妻子庆祝情人节周末。

一提到庆祝这个特别的情人节周末，马克的妻子就处于内在的激励前景中——她一直都很爱庆祝情人节。马克现在能分享她的热情和喜悦，但是他却处于整合的激励前景中——他从未对这个节日有着纯粹的、发自内心的喜欢。他长时间以来都基于自己的价值观做出行动，使得情人节的庆祝活动融入了他的生活，成为其中的一个组成部分。

朝着整合的激励前景所进行的转变来自于你基于价值观或者一种目的感而做出的选择，这些选择成为了你的第二天性、自我认同的活动或者你转变的理由之一。

技能 3：反思

为了反思，请首先问自己，转变过后你的感受是什么。只有先了解你自己的真实感受，你才能了解自己的幸福感，并且认识到自己的幸福感是保持一个最佳激励前景的核心。

如果你是一位认为工作场所不应该有任何“感受”的领导，那么反思对你来说会是一个困难的挑战。

关键在于，不管你喜不喜欢，你始终有感受。在第一章里提到的评价过程中，你已经通过认知手段和情感手段（通过想法和情绪）了解了自己在这个世界上的位置。目前的研究表明，通过情绪折射出来的感受是你是否体验到了积极的幸福感的最大影响因素。请记住，幸福感能够带来积极的目标，最终则会产生积极的行为。

幸福感是你激励前景的核心。当你审视自身的幸福感时，你可能想要知道自己在寻找着什么。积极的幸福感有以下具体特征，而缺乏幸福感则会产生与之完全相反的效果。

- 拥有正能量。
- 达到生理和心理的双重和谐。
- 处于能给予他人帮助的、安全的人际关系中，并因此感到平静。
- 几乎没有或者完全没有负能量、压力或担忧情绪。
- 有一种继续学习和个人成长的感受，以及成就感。
- 感觉自己的工作对一些有社会意义的事情做出了贡献。

如果你并不重视幸福感，觉得它似乎没有实质内容，那么请你考虑下德克·韦尔德霍特博士的观点。韦尔德博士是总部位于阿姆斯特丹的全球知名粉末涂料生产商阿克苏诺贝尔（Akzo Nobel）的运营总监。我曾问他，是什么让他在夜晚保持清醒，他答道："全球五万五千人的健康和幸福感"。接着，我问他为什么这对他如此重要，他坚定地说道："幸福感是达到目标的一种手段。有了它，你可以为你自己和公司创造价值；而没有它，就不太会有良好的短期生产力，更不可能有长期的成长"。

韦尔德博士已经监督了几百个（或许没超过一千个）员工的就医情况，并让他们回到了健康状态。他们中很多人都是高级主管，曾经都为了达到外界目标而工作太长时间或者吃太多垃圾食品并因此崩溃。他还提醒我们："即使是热情的领导者们也经常把自己逼得太紧，无暇顾及自身的幸福感，以至于对自己和下属造成伤害。我赞赏你们在这个领域的成就。幸福感并不是空洞的东西；它对我们的个人生活质量、职场生活质量和可持续的工作表现都起到至关重要的作用"。

你如何关注自身的幸福感？你可以通过了解自身的情感和心境来做到这一点。很多领导者们不关心自己的情感和情绪，试图忽略它们，尤其在工作中更是如此。讽刺的是，你越是忽略你的情感，这些情感就越有可能掌控你的行为。你对情感的无视使你的行为模式出现紊乱，并使你无法适应当前的需求。

如果你想要熟练管理你自己的评价过程，并帮助他人管理他们的评价过程，那么你必须能熟练地进行反思过程：承认、发现、认清并接受你的感受。

当你考虑自己的目标时，你有积极的幸福感吗？如果我的目标是在接下来的半年之内减掉25磅体重，我就需要向自己提问来进行反思：我对此的感受是什么？当我反思减重25磅的目标时，我的身体感受如何？光是想想这个主意就让我眼睛阵痛、胃部紧张，或者牙齿咬紧。我可能感觉很困或者毫无生气。了解了我的身体感受之后，我会意识到自己对这种身体状况已经有了自己的看法、评价或诠释——可能会出现害怕、后悔、挫折感、愤恨或伤感等情绪。这些不愉快的情绪会损害各种积极的幸福感。

当然，我在考虑六个月减重25磅时，我也会感觉十分紧张，内心有一股暖流，或者充满了能量，这些都表现出我对减重的期待，冷静而殷切的盼望。我可以将这些身体感受诠释为愉快的情绪，比如激动、开明和信心。我可以在这个评价过程中得出结论，即我正在体验一种积极的幸福感。

有一个值得关注的有趣现象。为了一个同样的目标，你既能体验到积极的幸福感，也能体验到幸福感的缺失。比如，我想到减重能为我带来新的能量时，我就感到积极的幸福感；但我一想到它要花这么长的时间，我就感到沮丧。理解自身幸福感的美妙之处在于，如果你尚且没有转变到一种最佳的激励前景中，你可以利用这些积极情绪的力量来克服让你不得安宁的消极情绪。

如果你利用前两种技能进行了激励前景的成功转变，第三种技能则会帮助你保持这种最佳激励前景。如果你依然处于次最佳的激励前景中，请你使用第三种技能来反思你所处的情境，这也能带来转变的机会。无论采取哪种方式，请问问自己，你对自己选择的目标感受如何。你是否拥有了积极的幸福感？

一位欧洲的客户分享道："最佳激励对我来讲就像一枚定时炸弹。我坐在办公桌前，一直在担忧十分钟后要开的一个会议。当我在反思自己的感受时，你教授的培训课程就派上了用场。我意识到，我正处于一种强加的激励前景中。我可以选择痛苦地待在这里，不停抱怨，在会议中浪费我的时间，或者我可以转变。我选择了转变。那是让我惊喜的激励瞬间”。

你朝着最佳激励前景的转变会在瞬间发生，或者在你的生活中逐渐转变。无论如何，你对当下进行反思并意识到自己有多种选择，这就使转变成为可能。

对你的次最佳激励前景进行反思更能够迫使你转变到最佳激励前景。在不感兴趣的激励前景中，观察自己由于缺乏能量而显得多么衰弱；在外在的激励前景中，注意自己一开始的兴奋所产生的能量随着外界刺激的消失而逐渐衰退；在强加的激励前景中，注意自身因负罪感、愧疚感、义务、失望、愤恨或生气所激起的能量需要更多的能量来继续刺激这些负面情绪。

而另一方面，如果你转变到一个最佳激励前景，比如在均衡的激励前景中，反思能够使你重视从有意义的价值中产生的高质量能量；在整合的激励前景中，反思能够让你认识到该前景所释放的高质量能量，此时你会拥有一个崇高而有深度的目标；在内在的激励前景中，反思提醒你要对积极的和可持续的能量怀有感激之情，因为此时你正在做你天生就喜欢做的事。反思强化了你对 ARC 的体验。

当你转变到或者保持一种最佳激励前景时，总会有好事发生。请花时间来回顾这些好的事情，它们值得你不断回顾。

激励的小型个案研究：领导者，请治愈你自己

伊莱恩·布林克是一家人力资源公司 Express Employment Professionals 区域营销高级副总裁。当她加入最佳激励培训课程时，她最初的目的是想学习如何激励她的员工，以及本国最成功的某人力资源机构的特许经营权拥有者们。即使她了解到激励他人并没有用，她依然获得了比自己所期望的还要多的东西。

“课程要求我们学习如何激活自身的最佳激励前景，然后再应用于他人”。伊莱恩解释道，“一开始，我发现这很难做到，因为我觉得‘我不需要这个，我很好’”。作为培训课程的一部分，伊莱恩决定完成一项任务，即在美国以外的地区计划并组织一场重要活动。

技能 1：认清你目前的激励前景

伊莱恩在履行第一条技能时，她意识到自己光是想想要组织的这场活动，她的幸福感就被损害了。她将自己描述为毫无废话的、能量充足的、说做就做的人：“在完成工作的整个过程中，我一直在狠狠地磨牙”。

她意识到自己在工作中处于一种强加的激励前景中。她的工作日程表非常不合理，挤不出多余的时间做别的事情，因此她内心感到愤怒。此时，负面情绪如洪水般向她袭来。她突然意识到，她的消极态度影响了整个团队——不仅影响了她所需要的能够完成工作的人，还有她关心的人。“次最佳的激励前景对我所接触的每件事都予以了负面影响”。

技能 2：转变到（或者保持）一个最佳激励前景

伊莱恩在实施技能 2 时，她可以使自己的目标与自身成熟的价值观和谐共存，以此从强加的激励前景转变到均衡的激励前景。“我没有花时间去考虑这项活动对我们的业务来讲有多重要，或者我有多感激人们对我足够信任，并让我全面负责，或者我多庆幸自己拥有这些技能和经验来实现自己的目的。我第一次将它看作一个让我的员工不断成长的机会。我的职责之一就是帮助他们获得技能和经验，使他们获益，并让公司不断进步。同时，我也意识到自己主动接受了这个举办活动的任务——我本来可以回绝掉，但我没有”。

技能3：反思

伊莱恩说道：“我感觉到自己的能量水平有了很快的转变。我知道我能够保持这种积极的幸福感，即使在充满挑战的时期也能如此，因为我的情感和价值观有着很深刻的联系”。

伊莱恩继续反思她转变的经历：“现在我有了一个理解自身幸福感、意图和领导行为的样板；对于转变到或者保持一种最佳激励前景，我也有了一个套路。我也更清楚地意识到，我过去可能会将目标和截止日期强加在别人身上。我好奇为什么领导者们会这么做。我顿悟到，作为领导者，我们有时会根据自己的热情、价值观和目的来向他人委派任务，并规定截止日期，而没能花时间去了解该如何为那些将我们的想法付诸实施的人分配足够的空间和资源”。

扼要重述“激励是一种技能”

这三种激励技能看起来很简单：认清你目前的激励前景，转变到或者保持一种最佳激励前景，并反思自身的能量、活力和幸福感。这些技能或许很简单，但是它们带来的结果却非常重要。

上千项致力于人类激励和繁荣的研究都表明它们具有令人惊奇的好处，比如当人们体验到最佳激励前景时，他们就会拥有更好的心理和生理健康。更确切地说，跟处于次最佳激励前景的员工比起来，处于最佳激励前景中的人们在工作中会带来更出色的工作业绩。他们：

- 拥有更高的生产力水平。

- 展现出更高水平的创造力。
- 提升了销售业绩。
- 对工作更加投入，更加满意。
- 更有可能被领导考虑升职，或者获得升职。

无论你将这三种激励的技能应用于自身的情况中，还是用来促进他人的前景转变，你都会体验到这些好处，而这正好是第五章的主题。

第五章　让转变发生

我的一位同事管理着一个高科技团队。她痛惜一段试图激励一个常常在家工作的团队成员的经历。团队在不断壮大，办公室空间越来越拥挤，为数不多的拥有四面墙、一扇门的其中一间办公室就属于这个团队成员。这位主管就问这位成员，能否将他几乎不用的办公室让给另外一位成员，这样后者就能受益于多出来的空间和隐私。第二位团队成员因为自身职位要求，每天都需要来公司在一个小隔间里工作，而这样的工作环境不利于她的工作效率。

主管并不想因为要求第一位团队成员放弃办公室而让他变得消极，但她认为这是一个合理的要求，毕竟他通常都在家办公。结果，出乎预料的是，他直截了当地回绝了这个提议。有趣的是，当他拒绝让出办公室时，他承认自己感觉并不好，而且并不以他的决定而感到自豪。但他为自己的立场辩称道，自己靠努力赢得了这个办公室，这很重要，因为它象征了他在团队里的身份、级别和职位。

主管对于这样的结果很失望，并责怪自己。她曾经听过一些人会被“地位”所激励，而她却还要犯错，想要移除他地位的象征。她放弃了这个想法，而另一位团队成员继续在不够好的环境里工作。

这个机会流失了。主管没能够激励第一位团队成员，但她本可以与他进行一场激励前景的对话，帮助他了解目前的情况，并促使他理解自身的感受和价值观。

一场激励前景的对话是一个非正式或正式的机会来促进某人转变到最佳的激励前景。为了叙述简洁，我将称它们为“前景对话”。

你什么时候应该进行一次前景对话？

我不保证这位主管仅通过一次前景对话就能改变这个办公室问题的结果，但我可以保证这位团队成员能够有更好的机会探索自身的价值观，并采取让自己感觉更舒服的立场——或者让整个团队感觉更舒服的立场。

最后，转变与否取决于个人如何内化当前的情境和选择。激励他人不起作用是因为你无法控制他人的内化过程。就算你努力去尝试，你也只能得到一个强加的激励前景。前景对话并不保证一个人能转变到最佳激励前景，但至少它能够提供成长和理解的机会。

既然不能实实在在地控制或者保证一个人从次最佳激励前景转变到最佳前景（或者维持一个最佳前景），你可能会想，那何必要进行前景对话呢？这是个好问题。

如果一个情境对一个人带来了负面影响，或者这个人的前景对这个团队或组织带来了负面影响，此时就是进行一次前景对话的好机会。比如，当一个人出现下列情况时，进行一场前景对话就变得很有必要。

- 错过了工作截止日期，从而为他人造成负面影响。
- 在重要目标或项目上的表现低于预期水平。
- 在自己的岗位上似乎没有完全发挥出潜力。
- 总是处于不良情绪中，并让情绪渗透到工作中。
- 需要主动做事的时候，缺乏主动性。

- 表现出出人意料的情绪，或者不合时宜的情绪。
- 破坏他人的正能量。
- 拒绝有用的反馈。
- 很容易或者经常出现自我防卫的情况。
- 自身的价值观与组织的目标或价值观相左。
- 忽略自身或他人的健康和安全问题。

出于你自己的正当理由（或者为了你自己好），你可能需要和某个人进行一场前景对话。比如，当你出现以下情况时，进行一场前景对话可能很有必要。

- 认为某个人需要帮助，或者你想要对其给予支持。
- 看到一个人尚未开发的潜力，并想要加速这个人的成长。
- 整夜保持清醒，一直在思考这个情况。
- 因为你说或者做的事都不能让这个情况得到别人的重视，所以你感到沮丧。
- 当你考虑这个情况时，你很生气。
- 在处理这个情况时，你感到害怕或者犹豫。
- 体验到与该情况相关的紧张、压力或不耐烦。
- 光是想想这个情况，你的能量就全耗尽了。

当我想到同事们对这个办公室问题有所焦虑时，我就相信进行一场前景谈话是件好事。然而，作为领导者，你需要确定自己是否愿意并且能够花时间和投入感情来进行一场前景对话。对于你和你想要促使其转变的人来说，这些努力都值得吗？

前景对话——哪些不起作用

我进行过的不太成功的前景对话都起因于下面三条“不要做的事”。我希望你能从我糟糕的经历中学到应该尽力避免哪些事情。幸运的是，对于已经处于次最佳激励前景的人来说，不会再有永久性的伤害侵扰他们了。但这些绝对会造成机会的流失。为了进行一场令人满意的前景对话（让你们两个人都满意；更重要的是，使这场对话的受益者对此感到满意），请避免这三个普遍存在的问题：

- 不要试图解决问题。
- 不要将自己的价值观强加给别人。
- 不要期望转变一定会发生。

不要试图解决问题

请保持沉默，不要再提“我以前遇到过你这样的情况，我知道怎么解决你的问题”这样的话。你很想分享自己的专业技能，但请不要将一场前景对话与一次问题解决活动混为一谈。

当人们处于次最佳的激励前景中时，他们就几乎不可能积极地参与问题解决过程，更不可能坚持实施潜在的解决方案。在解决问题和规划行动之前，请帮助人们转变到最佳激励前景。

不要将自己的价值观强加给别人

别让你的好心坏了你的好事。领导者们犯下的最大错误之一就是他们

自以为另外一个人持有或者欣赏同样的价值观。

即使你是出于好心，但将自己的价值观强加给别人会造成强加的激励前景。

不要期望转变一定会发生

请不要“引导对方跟着自己的思路”。放松，保持专注，让对话顺其自然地进行。前景对话并不关乎你或者你的自我。请注意，一个人可能无法在与你的对话中完成转变。转变可能是一枚“定时炸弹”，当一个人准备好的时候它就会爆炸。

你会在对话中更多地理解对方，但请记住，一场前景对话的目的是指引个人去理解自己所拥有的激励前景选择；接着，如果他们决定要转变，就帮助他们转变。

前景对话——哪些能起作用

练习自己的耐心，遵循这个过程，并对此刻发生的事情保持敏感。如果你做了下面的三件事，你就不太可能直接跳跃到解决问题的环节，或者将你的价值观强加给别人，或者带着期望去引导别人：

- 准备充分。
- 相信这个过程。
- 反思和中止。

准备充分

每次我问领导者们，准备一场前景谈话需要准备些什么，他们通常就会答出行之有效的做法：阐明主题，完成交代的任务，核实你的事实情况，识别特殊的行为或案例作为证明等。然而，他们几乎始终遗漏了准备过程中最重要的一方面——转变他们自身的激励前景。

自我准备可能是让你的前景对话起作用的最关键一环。在进入任何前景对话之前，请检查你自己的激励前景。

准备一场前景对话需要不断投入精力。你作为领导者，需要随时注意自己的价值观，并对其负责。这并不意味着你在前景对话中面对可供选择的价值观时，变得不灵活、傲慢专断或蛮不讲理；而是意味着你此时能够对比多个可选择的观点，并选出对自己有用的观点，帮助自己应对周围的人与环境。

你或许已经知道，你的价值观会影响自己对领导才能的掌控。然而，你的价值观（尤其是你下属对你价值观的看法）在多大程度上会影响下属们的激励质量，这一点也会体现出来。研究表明，员工对领导和组织的忠心程度主要取决于他们对领导者价值观的认识。

在准备过程中，根据即将进行的对话，请先检查你自己的幸福感。如果有必要，请认清你目前的激励前景并选择一个更合适的或者你更需要的激励前景。接着，将你成熟的价值观与即将进行的前景对话联系起来，以此完成激励前景的转变；或者考虑如何保持你目前拥有的最佳前景。如果你没能转变自己的激励前景，你如何能协助他人的转变呢？

你为了进行一场前景谈话而在准备阶段中转变到最佳激励前景，这会使得你能够为下属带来一份慷慨的礼物：你会关注他们，不带任何偏见。

相信这个过程

请依次练习下面三个技能，来激活作为指导方针的最佳激励。我需要警示你：如果你无法为了自己而练习激活最佳激励的技能，那么你也不太可能成功地帮助别人激活它们。

● 促进技能 1：认清这个人目前的激励前景。在得到允许之后，探索这个人对于自身的任务、目标或情境有何感受。

● 她是否拥有积极的幸福感？仔细听她言语中的线索，注意她的身体语言。（她是否使用了“我不得不做某事”这样的短语？她是否表现得屡受挫折、目中无人、自我防卫，还是充满灵感、轻松愉悦？）

● 这个人体验着一种低质量还是高质量的心理需求？（这个人能否在所处环境中感觉到自己有掌控权和自主选择权，感受到别人的支持，并且拥有目标感？她能否感觉到自己有能力应对该情境所造成的挑战？）

● 这个人展现出了低质量的还是高质量的自律？（这个人是否在练习专注力，做出基于自身价值观的决定，或者将当前情境与更高层次的目的相联系？）

● 这个人究竟是处于次最佳的激励前景中（不感兴趣的、外在的，或者强加的）还是最优的前景中（均衡的、整合的，或者内在的）？

● 促进技能 2：转变到（或者保持）一种最佳激励前景。如果你想帮助他人领会他所拥有的选择，最简单、最直接的方式可能是以激励范围模型作为参考，并探索在转变到更理想的激励前景这个过程中可能会出现的好处和坏处。

这种转变最有可能通过高度的自律才得以发生。作为领导者，你可以通过“最佳选手”来促进这个过程：

● 协助他人保持专注。首先，请求对方允许你提出多个“为什么”的问题。然后，当你和对方讨论这个情境时，提出一系列的问题，比如：“那件事对你来说为什么很重要？为什么你觉得它是真的？为什么？”这些“为什么”能帮助对方在一个更高层次对情境进行分析，将一层层让人分心的事物剥离，使对方能更清楚地认识自己的心理需求，并与之紧密联系。

● 帮助他人保持自身所处情境与职场价值观这两者的平衡。如果你在之前的辅导过程中没有做这一步，就请你现在花点时间帮助对方建立职场价值观。提出开放式问题，认清并承认他的感受和情绪。最后你要问的问题是，你是否在你的价值观和这个情境之间看到了关联？

● 帮助他人将该情境与一个崇高目的联系起来。就价值观而言，如果一个人对于自己的社会角色没有一种目标感，他怎么能为大局着想，或者怎么能为更高层次的理想奋斗？这就是进行一次对话的好机会。人们若是没有深层的感受和重要的原因来为自己的社会角色赋予意义，让他们在工作和生活中发挥更大的作用，他们就很难体验到整合的激励前景。

● 促进技能 3：反思。引领他人在前景对话中进行反思。哪些事情有帮助，哪些很棘手，哪些充满了挑战，哪些能启发你？如果这个人转变到了最佳激励前景，请问问她的感受。哪些东西发生了变化，为什么？如果始终没有转变，并且这个人继续停留在次最佳的激励前景里，也请问问她的感受。只是聆听，不要妄下结论。练习你的专注力。

“相信这个过程”听起来似乎陈腐无奇，但却是事实。其实人们内心深处依然希望自己拥有积极的动力。当你利用这三种技能，通过真诚而充满关怀的方式来激活他人最佳激励前景时，他们就会趋向于对自己和其他人最有益的事物，这是他们的本能。

中止

你什么时候应该中止一场前景谈话？如果你在练习专注力，你就会注意到对方什么时候情感能量不足。我们需要足够的情感能量去检查、探索事物，或者转变。当你没有关注自己的成果或期望时，你就能更清楚地了解对方在此刻正体验着什么。对于你和你需要激励的对象而言，你需要知道什么时候适可而止。有时候，你得说：“我认为，你需要我给予更多的关注和能量，而我现在无法给你那么多。我们下一次再接着谈，你同意吗？”

当你中止时，请对方承诺自己会保持他已选的激励前景，或者继续他的自我检查、自我认识的过程，并坚持他所选择的激励前景。

和对方一起讨论，对方将如何实践高度自律，并满足他的心理需求。请安排相关辅导对话。

注意，当他人选择和你一起进行有关未来前景的对话时，他体验到了自主权；你对他的支持提升了他对人际关系的体验；当你利用这三种技能促进前景对话的顺利进行时，你也帮助对方提升了自身技能，使得他在做出选择时，完成激励前景的转变，并感受到竞争力。

在你中止这次前景对话后，你需要反思。你对此次对话的感受如何？你是否有积极的幸福感？为什么？你遇到了什么困难？你是否需要保持缄默才能阻止自己跳跃到问题解决的过程中？为什么？你如何能做到不要去试图解决问题？你是否基于自身的价值观做出行动，也就是将注意力放在对方的需求上，而不是你自己的需求？你能否保持专注？

对领导者来说，自我审视和反思是成长的重要机会。当我们通过前景谈话来帮助他人时，我们总会惊异地发现自己在这个过程中对自己了解了多少。

布莱尔的前景谈话转变

布莱尔是一家知名的百货连锁商场下属的一家高档商店的零售部经

理。她也正好是我的侄女。有一天晚上，她离开饭桌去接一个部门老板打来的电话，讨论她写信控告兰迪的意图。兰迪是该部门多年的顶级销售员之一。布莱尔回到餐桌时，她显然不太愉快。她跟我们解释道，一段硕果累累的合作关系如何被破坏了。

她之前明确地对下属提出了期望，期望他们打电话和发邮件给老顾客，以此推动一场即将到来的促销活动。布莱尔在跟进兰迪的情况时，发现他一个电话也没打。我问她当时如何进行了这场前景对话，我知道她了解这本书提到的一些原则。“我做了你一直都推荐大家要做的事，所以我和兰迪进行了一场前景对话。我问他为什么不打电话，他说他讨厌打电话，他找不到一个安静的地方打电话。另外，他的客户都很富有，完全有实力以全价购买商品，所以为这些客户办一场促销活动让他实在难以理解”。

布莱尔是一位优秀的、天生的聆听者，所以我能想象她在耐心聆听中觉得兰迪所讲的不无道理。她告诉我，她明白了兰迪处于强加的激励前景中，并准备帮助他转变到一个更佳的激励前景。

“我给了他很多机会，希望他转变，”她告诉我，“但是他还是不想打电话。我对这次前景谈话感到失望，对他感到心灰意冷，所以我打算向领导上报这个情况。有时候，人们需要为他们的不良表现或不服从付出代价。现在，或许兰迪也该如此”。

我请布莱尔描述她帮助兰迪转变的过程。她说道：“我告诉兰迪，当别人要求我做一些我不喜欢的事情时，我就想起，之所以我选择来这个岗位工作，是因为我热爱设计和时尚。我分享道，销售这些艺术品一样的服饰是一件多么激动人心的事。我告诉他，我很重视让顾客随时了解我们商场的最新消息。我像亲人一样对待他们，因为我的感觉确实如此。我告诉他，我们的客户值得学习他在本行业多年的学习和工作经验中获得的专业知识。我还提醒他，他也很喜欢这个行业，喜欢我们的商店和顾客”。

在听完布莱尔的描述后，我问她：“兰迪的价值观是什么？”她盯着我看了一会儿，似乎她悟到了什么。她并不了解兰迪的价值观。“我刚说的那一切都只是关于我，是吧？关于我的价值观，我热爱我们做的事情，以及我认为兰迪应该重视什么。我曾告诉兰迪，我觉得他对自主权、人际关系和竞争力的心理需求应如何得到满足，但我从来没有给他机会自己去弄明白”。

布莱尔抓过电话，打给了她的上司，声明自己将撤回对兰迪的纪律处分。“幸好我悬崖勒马，没有铸成大错”。她解释道，“在惩罚兰迪没有按要求办事之前，我想尝试另外一种策略”。

出于好奇，我问布莱尔，她一开始向上级报告兰迪，是想从中得到什么。我的问题使布莱尔意识到，她想借助“大棒”来“激励”兰迪。大棒可能会激励他，但不会是以她希望的方式。若因为兰迪拒绝打电话而处分他，很有可能会强化他已有的次最佳激励前景。他一定会辞职，并跳槽到竞争对手那里工作——或者更糟：辞职并继续停留在次最佳激励前景里。

布莱尔还学到，过分关注兰迪达成目标的方式而不是目标本身，可能会使他在达成与公司共同的目标（强化与客户的纽带，提升销量）时不太成功。布莱尔在反思中意识到，兰迪对于销售方面并没有次最佳的激励前景；他只是对于打电话促销这件事有着次最佳的前景。她不只是将自身的价值观强加在兰迪身上，还跳跃到解决兰迪找借口不打电话的问题上。她也没能趁此机会关注真正的目标，即通过提供顾客服务和促销信息来增加销量。她应该接纳工作中更多有创意的替代方式。

我很高兴地告诉大家，现在布莱尔能够非常娴熟地掌握前景谈话了。她有一次在我不知情的情况下与我进行了前景谈话，促使我转变。我的学生成为了老师，我感到无比开心。

与桑尼的一次激励前景谈话："为什么"的力量

这个例子将讲述一次研讨会上的一场短小的前景谈话，对象是一位叫桑尼的年轻人，他对一次小组讨论的结果发出了挑战。这次小组讨论的目的是为了表明，为什么你很有必要通过沟通来让上司了解自己的激励需求。毕竟，上司们不能轻易看透别人的心思。桑尼与小组其他成员的观点发生了分歧，因为别人都将"有趣的工作"作为排名第一的动力因素，而小组里只有他一个人将"金钱"排在了第一。

桑尼对此解释道："我知道这项研究要表达的观点是金钱不是激励一个人的最佳理由，但老实说，它是我的理由，我不会为此道歉"。

桑尼并不了解激励范围模型，或者六个激励前景，但根据他对这次活动的反应和他的言论，我认为这是一个恰当的机会来试验"为什么"的力量。在征得桑尼同意之后，我当着所有小组成员的面与他进行了一场前景谈话。

苏珊：桑尼，这个问题并没有所谓的正确或者错误答案。我希望你能对不同的排名感到好奇，而不是感到被他人评判。你说金钱是让你每天起床去工作的唯一动力，而小组里其他人都没有把金钱作为第一激励因素。你愿意和我一起探讨下这个问题吗？

桑尼：当然可以。

苏珊：好的。我接下来会问你一系列的问题来探索你的动力。如果我问得太多让你不舒服，请你及时告诉我。为什么金钱是你每天工作的动力？

桑尼：我才毕业没多久，而且我几乎身无分文。我需要钱！所以我才来做销售，为了挣钱。

苏珊：我能理解。那么为什么钱这么重要？

桑尼：因为我需要买东西！

苏珊：为什么买东西对你来讲如此重要？

桑尼：因为我需要那些东西，比如一辆新车。

苏珊：为什么新车这么重要？

桑尼：因为我现在的车已经旧了，跑不动了。而且它看起来也不像成功人士开的车。我需要用新车来给人们留下深刻印象。

苏珊：为什么给人留下深刻印象这么重要？

桑尼：因为我想让他们觉得我很成功。

苏珊：为什么"人们认为你成功"这件事这么重要？

桑尼停顿了下，情绪高涨，然后分享道：他是他们家族里第一个也是唯一一个上了大学并毕业的人。他的父母做出了很多牺牲，一个人做了多份工作来供他读完这四年书。他想通过自己的成功来表明父母的牺牲和关怀是值得的。为了清晰地了解他究竟是处于强加的还是均衡的激励前景，我提出了一些问题，比如"你是否认为父母供你读大学就是为了让你挣大钱？你是否认为父母对你的期望直接与你挣多少钱有关？如果你挣不了多少钱，你就会让父母失望，或者父母就没有那么爱你了，是吗？"

此时桑尼明白了。他意识到，他对成功的理解就是赚很多钱。但他真正的意图并不是挣很多钱。他之所以每天勤奋工作，是因为他感谢父母的无私奉献，也对自己遇到了这么多好机会而充满感激。这与工资单、义务或责任无关，只关乎于人际关系。

桑尼顿悟到，他之前想要的金钱和汽车可能只是副产品，他依然想要它们。但他真正明白了，做有意义的工作与重要的价值观和高尚的目的紧密联系，这些理由才更值得他每天起床去工作。桑尼不禁好奇，当他得到新车之后，又会有什么东西促使他每天起床工作呢？他得出的结论是，与获取物质奖励比起来，“爱”是更让人充实的东西。

对别人或自己提问“为什么”，这是一个让人保持专注的工具。这种促使人转变的工具能够剥离一层层让人分心的事物和垃圾食品般的冲动，帮助人们感受自身激励前景的核心——他们对自主权、人际关系和竞争力的心理需求。

与西蒙的一次激励前景对话：与价值观和目的相联系

傲慢、自大、二十多岁的西蒙在工作小组里抱怨一项需要重新配置工厂调度系统的任务。从他的语气里不难听出来，光是谈谈这项任务就损害了他的幸福感。

后续的审查中发现，他并未感受到自主权。他提到在这件事里，他没得选——这个任务分配给了他。他也感受不到人际关系——他感觉自己被利用了，因为这个任务不在他的职责范围之内，他也并不认为自己所扮演的职场角色需要做这件事。这个调度系统任务之所以分配给他，是因为他专攻计算机编程和操作系统。即使西蒙有足够的竞争力，他对于竞争力的心理需求并未得到满足。他讨厌上司分配给他这个任务，就因为只有他能完成。

他正在一点一点地自我调节。西蒙看起来有些自以为是、愤怒并且放纵自己的情感。他觉得自己有理由发火。在我看来，他从愤怒和怨恨这样的垃圾食品中获得了太多的能量。他几乎没有兴趣转变到一个更健康的激励前景中，这说明他目前处于不感兴趣的激励前景里。但他充满挑衅的能量又暴露了他强加的激励前景。

对话进行到这个时刻，我问西蒙是否愿意进行一场有关价值观的讨论，他是否愿意分享自己的价值观，以及这些价值观如何与他的工作联系起来。对于西蒙来说，有一点倒是真的：他喜欢挑战。我认为他甚至想跟谁打一架。这意味着我需要利用高度的自律来促进这次前景对话的顺利进行。“保持专注”。我提醒着自己。

西蒙很清楚地表达了自己的价值观。他这一代的年轻人都会告诉你，他工作之外的时间很宝贵。他见证了他父母对工作的投入和对公司的忠诚，结果却换来了失业。西蒙这代人显然对剧增的离婚率、更严重的药物滥用情况以及生理和心理的痛苦不感兴趣，而正是这些负面因素如瘟疫一般席卷了他们父母这一代。

对于西蒙来说，最关键的问题原来是：“你是否看到这个分配给你的调度系统项目和你的价值观之间的联系？”坐在他后面的人们说，我一提出这个问题，他的坐姿就变了。即便看不到他的脸，人们依然能感觉到他的能量有所变化。我们其他人看到了西蒙脸上的笑容，同时他承认道：“这个问题很棒”。他承认，这个调度系统任务与两个重要的价值观相联系。首先，调度系统会让工作更加高效，使他在工作之外能匀出更多宝贵的时间。其次，他看重团队精神。通过将自身的专业技能应用到一个更加高效的调度系统里，他也能让团队所有成员的工作更加高效。

在短短几分钟之内，西蒙的思维方式从强加的激励前景转变到了均衡的激励前景。更让我惊喜的是，由于他在这次谈话中积极学习和参与，他的整个行为模式也发生了改变。激励前景能够彼此感染，可能会是坏事或好事，这得看前景本身。在西蒙的案例中，他的转变产生了积极的连锁反应，让整个团队都受益。

你会注意到我避开了“解决问题”这一陷阱。如果你是西蒙的主管，分配给他这个重新设计工厂调度系统的工作，你可能会注意到西蒙完成这项工作时显得拖拖拉拉，于是就想和他讨论下这个事情。在讨论中，西蒙给出了各种各样的借口：分配给他的任务并不属于他的工作职责范围，他没有时间，也没有资源等。你可能会出于好心跳跃到问题解决的环节中，提出发人深省的问题，促使对方深思熟虑，使其给出其他可选方案。

无论你的解决方案和行动计划有多可靠，你始终都无法回避这个事实：西蒙不想做这个项目。他处于强加的激励前景中，拥有低质量的能量、活力和幸福感。在你着手应对西蒙的激励前景之前，你“解决问题”的种子只会落在荒地里，一无所获。

首先，你需要和员工一起发展并理清他们各自与工作相关的价值观和目的。然后，当你开展一场激励前景谈话时，你就会帮助他们将工作任务、目标或情境与自身成熟的价值观和目的感联系起来，从而更有可能促使他们转变。

对于前景对话，你需要了解一点：你不知道人们的激励前景在未来会发生什么变化，或者他们将如何使其与自身的心理需求联系起来。你作为他们的辅导者，需要对整个辅导过程持开明态度，并相信人们一旦能够进行高度自律时（他们能保持专注，基于自身价值观做事，有目的性），他们就体验到了高质量的心理需求（他们满足了自身对自主权、人际关系和竞争力的需求）。接着，他们通常会得出结论，即前景对话不仅能为他们自己产生正能量、活力以及幸福感，还能为整个集体带来福祉。

办公室策略

在本章刚开始描述的情景里，主管请她的一位团队成员放弃他的办公室。他不同意。他不愿意放弃自己凭着辛勤工作得来的东西。主管对自己的决定负责，她相信自己曾试图夺走下属最看重的其中一个主要激励因素——地位。她得出结论，该团队成员没有意愿放弃自己的办公室。

如果主管安排一场前景对话来帮助对方理清他对这件事的感受，会发生什么呢？她本可以协助他理清自己的目标和团队共同的目标，探索他作为一个团队成员所拥有的价值观，并审视自己与团队崇高目的之间的联系。如果主管利用了“为什么”的力量来帮助他深入了解他的心理需求，了解他是否因为自身地位而得到充分的满足，又会出现什么结果呢？

或许一场前景对话能够帮助这位团队成员，让他明白自己努力争取的并不是地位，而是公平。

办公室显然是一种象征。主管将办公室解读为一种地位的象征，但它也有可能是公平的象征。如果从更深的层面上来理解，办公室可能会代表感谢和关怀。要求该团队成员放弃办公室可能会破坏他对人际关系的感受，这也与地位的意义背道而驰。地位是一种强大的职场状态，会破坏有权的人和地位较低的人的人际关系。

如果该团队成员对人际关系的心理需求得到更充分的理解，会有什么结果？或许他能参加一场头脑风暴，思考团队的整体目标以及达到这些目标所需的资源。接着，他会发现自己的观点和投入很重要，他就可能决定更好地利用他的办公室，将“让出办公室”作为解决方案。这种积极主动的解决方案可能会让他对自身感觉良好，还能让整个团队对他报以感激之心。借助一场前景对话，他的主管或许就能够让转变发生。

激励的小型个案研究：沃特的第一次

我希望你能通过前景对话，以最理想的激励状态让转变发生。但你可能会想，应该从哪里开始，如何开始。这也是沃特在欧洲参加完一场提高技能的培训课程之后面对的问题。他决定向团队成员发送一条信息，解释说自己需要开展前景谈话。他告诉团队，如果他们在工作中受困于激励这件事，就可以联系他。

沃特收到了八个回复之后，他不知道该是喜还是忧。他的第一次前景对话极具挑战，但正如他自己说道：“我们都对此感觉良好。它能帮助我们思考。我为此次对话准备了一个开场白，然后简单解释了激励范围模型。我花了绝大部分时间来弄清团队成员的激励前景，然后再利用‘为什么’的力量。我发现自己需要集中精神，保持专注。在某个时刻，她（团队成员）开始问我一系列为什么的问题！我们最后花了一刻钟来进行回顾和总结”。

出于对保密的考虑，沃特并没有与我分享具体的谈话内容或者这位团队成员的名字，但他告诉我，她要求再进行一次后续对话。她告诉沃特自己非常喜欢这种有深度的对话——第一次有人尝试去理解她错综复杂的想法和情绪。结果表明，这位很有价值的雇员曾经差一点想要离职，但是她的团队领导帮助她切实感受到“人际关系”这一心理需求，使她拥有了全新的价值观。沃特的第一次前景谈话着实不赖！

扼要重述“让转变发生”

领导力并不只是一个角色，而是一种实践。医生、律师、注册会计师、音乐家或艺术家不仅仅只是一种角色，而是在医药行业、法律界、会计领域、音乐界或艺术界中进行实践。优秀的领导力需要大量的实践。在谈到激励时，发挥领导力的作用就包括对自己的任务、目标和情境应用三种激励技能，使自己成为行为模范。当你发挥领导力时，你将投入必要的情感能量来探索下属们正在经历什么，他们有什么感受，为什么——然后再和他们就此进行讨论。开展这种讨论的最佳方法就是进行一次激励前景对话。当你帮助人们认清他们目前的激励前景，转变到一种最佳激励前景，并提出开放式问题来帮助他们反思时，你也在实施一种非常成熟的领导力，为你们带来充满意义的改变。

在你成功引导对方在前景对话中讨论他的激励前景之前，你一定要充分准备。在有关讨论者、讨论的话题和进行该谈话所必需的努力这些方面，确保你自己拥有最佳激励前景。花费时间和精力来帮助人们转变自身的激励前景，能够为他们、你的组织机构和作为领导者的你带来无穷裨益。但收获这些裨益所需的技能可能需要的不只是实践，可能还需要改变做事情的基本信念。这也是第六章将要着手解决的问题。

第六章　重新思考五种损害工作动力的理念

动力是领导力最重要和最有必要的其中一个方面，它也最容易被混淆和误解。这种混淆和误解的结果就是，领导者对于什么能起到激励作用以及什么不起作用完全无视。他们做出适得其反的行为，还认为自己做的是正确的事。他们完全沉浸于五种损害工作动力的信念中，以至于他们很难再听到、看到不同的观点，或者尝试做不同的事情。

过去六十多年的研究证明了这一点，这些研究将个人对职场激励因素的排名与他们主管所认为的激励，他们工作的因素排名进行了多次比较。研究结果体现出大多数个人的感受：主管们完全不知道什么能激励员工。主管们多半会认为员工受到外在的激励（员工无法控制的因素），比如优厚的薪水、升迁和工作保障。而另一方面，员工们更青睐内在的激励（员工能够控制的因素），比如有趣的工作、成长和学习。

为什么这两个群体的想法差别这么大？其中一个原因是，领导者无法知晓别人的内在激励状态，他们只了解自己的状态。这很可能解释了为什么主管们倾向于认为自己的动力源于内在，同时又判断他人的动力源于外在。然而，在谈到他们的员工时，领导者们却只观察外在表现和情况来评价员工的激励情况。糟糕的是，很多领导者在观察时没有太强的感知力，对于自己所看到的事物也无法进行明智的解读。一个领导者几乎不可能通过观察员工的外在表现来理解他们内在的激励状态（这又一次说明了为什么激励前景对话这么重要）。

还有更让人困惑的事。正如我在书中指出的，不同的人对于相同的情境能够进行不同的内化处理。比如，在一次团队会议中，所有成员都需要分享个人信息，你就会发现这场会议将同时出现六种激励前景。领导者需要通过一些办法来提出要求和塑造环境，从而让人们选择一种最佳的激励前景，而不是次最佳的前景。

研究表明，员工和主管对激励因素的排名有出入的另外一个原因是，员工并不理解他们自身激励前景的本质。比如，一位员工在工作中感觉自己陷入了困境，觉得自己被利用了，或者要求她做的事情超出了她的职责范围，可能需要给予她更多报酬，而这让她感到不知所措。她悄悄地跟我说："他们没有支付我足够的薪水来让我忍受这一切"。而她不知道的是，当她对自主权、人际关系和竞争力的心理需求没有得到满足时，永远不会有足够的钱来弥补这段空虚。如果人们不知道自己需要什么，他们也就无法提出合适的要求。

一旦领导者和他们的下属将工作中的不满归因于金钱或其他外在因素，就会产生一系列错误的想法和有害的行为。第一，人们认为自己需要（或想要）金钱和外在的奖励并相信这些会让他们感到高兴，而实际上这会让他们分心，阻止他们思考究竟什么才能真正让他们感到高兴。第二，这使得领导者（领导者通常不能直接掌控调薪和奖励）无法激励他人。他们以领导者的姿态承认是自己的过失，然后无奈地摊开双手，说自己实在没办法激励员工。领导者们可能还会以自己无法控制员工薪水和福利为借口，拒绝应对人们的不满情绪。第三，一旦人们用外在激励因素来解释自己在职场中的不满，那么一些过时的理念会更加根深蒂固，使得领导者对下属的激励完全无效。

本章的主要目的是探索上面提到的第三种情况：未经探究的领导理念将如何影响甚至破坏你的激励方法。

大卫·费希博士开始研究领导者们对“什么能激励员工”这个问题所持的观点，因为他认为，激励不仅关系到员工的幸福感，也是一个战略问题。“领导者，尤其是高层领导者，要求员工在工作中发挥足够的创意，让公司更具竞争力和价值。而这些创意来源于精细的创新过程。我一直很好奇，领导者们要如何解释自己的压力和标准激励计划所带来的混乱结果。去听听星巴克咖啡馆里的员工怎么说吧。不出所料，他们说自己需要一种不同的领导方式”。

大卫提到，要想拥有一个不同的、长期有效的办法，就必须转变理念，但领导者很少被要求审视自己的理念。为了让审视变得容易，他创造并检验了“激励信念清单”，这是一个供咨询师和高管培训师使用的小问卷调查，可以帮助领导者下意识地审视自身的激励观念，并尝试新的观念。大卫相信，很多领导者并不了解自己最根本的激励观念如何形成了自己平时会遇到的问题。他说：“这些问题导致的负面结果太过明显，很难忽略。雇员渴望全新的激励方式，使自己更容易接受创新方面的挑战”。

在本书的引言部分，我给出了未完成的观念句子，并请你思考如何填空。现在我再次写出这些句子，作为提醒：

- 这与个人无关，这纯粹是__________。
- 这个行业的目的是__________。
- 领导们处于__________的地位。
- 唯一一件要紧的事情是__________。
- 如果你不能衡量这件事，__________。

这些都是职场中如寄生虫一般长期依附于人们内心的观念，而它们会毁坏职场中的激励效果。你是否想过，这些普遍存在的理念从何而来？它们在职场人士的心中如此根深蒂固，以至于我们全盘接受，毫不质疑。我目前还没有发现无法完成这些句子的领导者；他们就算无法完成所有句子，也能完成大部分。这表明了一个潜在的问题：未经检验的观念成为了系统化价值观的基础，接着这些系统化的价值观又成为规则、流程、程序、行动以及你的领导者行为的基础。

你的使命（如果你选择接受该使命）是探索这些职场理念，审查它们如何破坏了下属的最佳激励状态，并考虑可替代的理念和最好的实践方式。我鼓励你试图去开发更多有意义的、有激励作用的领导价值观，并尝试一些潜在的、未探索过的价值观。

重新思考第一个有害理念：这与个人无关，这纯粹是工作

员工在头脑清醒的大部分时间里都在工作或者与同事交流，只有小部分时间留给了家人。然而主管们认为，这些员工的行为并非出于个人利益，纯粹是为了工作。

每一天你都会将信息、反馈或新闻传递给下属，这些会影响到他们的工作、生活、机遇、地位、收入、情绪、健康状况或幸福感。这怎么可能与个人无关？

无论你的信念是什么，有一点你需要明白：你所说的话和所做的事都会让下属感觉很个人化。这里提到了一个问题：感觉。我们在这本书的前面探讨了在公司里说脏话的问题。你是否依然认为员工不应该在工作场所表达个人感受？如果你确实这么认为，请问问自己：人们为何普遍坚持该理念？我的理念又是从哪里来的？

之所以个人感受在职场中被抑制，其中一种原因可能是主管们无法有效地应对它们。确实，一些员工不能很好地自律，一而再、再而三地随意发泄自己的情绪。但对这些任性情绪的担忧与实际的情绪发作及其严重性却并不成比例。

如果你把“这与个人无关，这纯粹是工作”这个旧观念转变成更有可能激活最佳激励前景的新观念，会发生什么？如果这是工作，这就与个人有关。

请尝试接受这个观点：任何情绪都合理，但并非任何行为都可以接受。你需要发现、承认并应对一个人的情绪。聆听你内心的声音，并承认自身感受在你的工作和生活中扮演了十分重要的角色，以此来练习自律的能力。

请你尝试放弃会削弱人们心理需求的领导行为，并采用能鼓励他们的最佳方式。一旦你的信念发生改变，请注意你的领导行为会发生什么改变，以及你的下属会做出什么回应。

不起作用的方式	起作用的方式
自己这么想，或者直接告诉一个人：“你不应该有这种感受”	承认并证实人们的感受和情绪
指责别人，并有条件地同意某事	提供纯粹的或者描述性的回馈，而不是给予主观评价的回馈或个人的赞美
忍受具有破坏性的行为或者不可接受的行为模式	鼓励别人提出意见，并提出开放式问题来提升专注力

重新思考第二个有害理念：这个行业的目的就是赚钱 

当你认为做这个行业就是为了赚钱时，你更有可能关注公司发布的各项业绩指标，而不会关注负责向顾客和客户提供优质服务的员工。你倾向于过分强调结果，并经常向下属施压来获得这些结果。你倾向于采用有可能并不合乎道德的行为。如果你可以选择，你可能宁愿选择数量而非质量，选择短期结果而非长期结果，注重利益而非员工。

试着想一想，一个不同的观念将如何让你用不同的方式来行使领导力。你的决定和行动若是以下面的理念为基础，它们会有什么变化：这个行业的目的是服务他人。

想想这个新的理念将如何改变你所在组织机构的业绩指标，或者至少是工作目标的内容和质量。重新树立目标能够让领导者们既关注内在，又关注外在服务；既关注人们有多努力，又关注他们努力带来的结果；既关注学习和成长，又关注员工的成就。那么，对目标的重新树立将如何改变你每天的领导方式？

顽固、守旧的商人会用传统的论据来驳斥这些想法："随便你怎么服务都行，但这种温和的方式不会帮你赚钱；如果你不赚钱，你就会被这个行业淘汰。然后你就不能再服务任何人了"。

没错，一家公司必须通过盈利来保持经营。但若认为盈利就是公司经营的最终目的，则显得缺乏逻辑。你需要空气、水和食物来存活，但你活着的目的不只是为了呼吸、喝水和吃饭。你的目的比这种基本生存需求更丰富，更有深度。你的价值观越是高尚和成熟，这些价值观就越能影响你每天的生活方式。

人类动力的本质并非赚钱，而是为生命赋予意义。

盈利或者服务你的下属（而你的下属为顾客服务）从来就不是一个只能二选一的事情。它总能两者兼顾，但服务优先于盈利。我经常听到作家肯·布兰卡德说过一句话，简单解释一下就是"盈利就是你为人们创造了一个最佳激励环境之后所收获的欢呼声，这样的环境会使他们更愿意照顾好你的顾客"。公司的活力通常由投资回报、每股收益、所获得的风险投资、股票价格、债务以及其他金融指标所衡量；足够的证据表明，这种活力基于两个因素：员工工作的热情和顾客的忠诚度。而反过来则不成立，即公司的活力并不是决定顾客忠诚度或员工工作热情的因素。

当你一门心思满足雇员的心理需求时，他们就能服务于顾客的需求，于是你的公司就繁荣起来。体育界有一个古老的类比也能运用在职场中：只关注盈利就好像在比赛中只看记分牌而不看球。

请你大胆怀疑“该行业的目的就是为了赚钱”这个理念，并考虑一个更适宜的激励理念：该行业的目的是服务——既为你的员工服务，也为你的顾客服务。盈利只是服务好这两个群体之后的副产品。

请注意观察下属对你改变后的观念反应如何。一旦你认为这个行业的目的是服务，你就会以不同的方式来领导他人。你的决定和行动更有可能打造一个激发人们最优激励的工作场所。接着，你只需注意结果，并收获你应得的欢呼声，也就是公司的活力。当你避免采用会削弱人们心理需求的行动并用最好的方式激励他们时，请牢记上面提到的内容。

不起作用的方式	起作用的方式
只追求公司利益，忽略员工利益	帮助个人形成职场价值观和目的感 使自己的行动符合集体的利益
迟迟不给出专业技能方面的反馈，或者因为员工竞争力不足而对其进行惩罚	对技能和培训需求提供真实的评估结果
将人们看作是永不疲倦的机器	留出一些时间，让人们完成能够让自身处于内在激励前景的项目

重新思考第三个有害理念：领导们位高权重

假如你为一家大型企业工作，你想乘坐电梯去别的楼层，然后发现有人已经在里面了——这家公司的首席执行官。你不认识他，但你在全公司

的大会上见到过他。你的小心脏可能会跳动。你可能会思考再三然后才开口说话。你可能觉得这是一个能够与他互相认识的、令人兴奋的机会，或者你也可能担心给他留下很糟糕的印象。简单地说，如果他的地位没这么高，或者你没认出他是首席执行官，你的内心就不会这么忐忑不安。

“主管们必须明确自己所拥有且能够行使的权力，并对其保持十二分的谨慎。大多数领导者在拥有并行使了自身权力之后，惊讶地发现它们所带来的潜在负面情绪影响，无论是什么形式的权力几乎都会如此”。这些话来自德瑞·齐格密，他曾研究一个领导者的权力将如何影响他人的激励前景，并对该研究结果感到十分惊讶。即使你并没有使用权力的主观意图，光是拥有它就能带来某种冲力，因此你需要对此保持注意和敏感。

德瑞和同事们研究了职场中领导者对权力的使用情况。请思考下面列出的最经常使用的权力类型，以及它们每一种对于你下属心理上的幸福感、意图和激励前景会有什么潜在的影响。思考这些会对你有所帮助，并且你所发现的东西可能会让你感到惊讶。

- 奖赏权表示你有权力承诺给予金钱或非金钱的补偿。奖赏权力又有两个分支：
- 客观的奖赏权是指获得特别的好处、升迁或对某事进行认真考虑的权力。
- 个人的奖赏权是指，当员工的感受取决于是否被你接受、看重和喜欢时，你所拥有的权力。

员工们表示，当他们在工作中感觉到领导者拥有任何一种奖赏权力时，他们就体验到次最佳的激励前景。

● 强制权表示一旦你的下属没能完成预期目标时，你使用威胁和惩罚的权力。显然，这种权力通常会导致领导者和下属之间形成负面关系，以及次最佳的激励前景。领导者们通常将强制权看作是最简单易行的、最方便的以及最无可非议的权力形式。强制权确实是一种垃圾食品，它所创造出的职场环境需要人们始终下意识的进行高度的自律，从而避免次最佳的激励前景。

● 参照权将基于你的下属在多大程度上认同你。讽刺的是，你或许很喜欢与下属之间形成的某种工作关系，因为下属在与你交流时，他们的自我认同感得到了不断强化，他们的行动会以“自己想要和你一样”或者“想要与你建立联系”这样的愿望作为基础，或者他们对你评价很高，以至于他们不敢与你产生分歧。你可能会惊讶地发现，当员工表示他们的主管拥有参照权时，他们也会体验到次最佳的激励前景。他们内在的幸福感都依赖于你的作为，而这会削弱他们对自主权、人际关系和竞争力这三种心理需求的满足程度。

● 合法权由某种地位或头衔所赋予，它能让领导者有正当理由要求另一个人服从自己。拥有合法权既是一件幸事，也是一种诅咒。有了它，你可以做更多好事；但是，就像蜘蛛侠说的：“能力越大，责任越大”。你必须对于其他人如何感知并融入你的合法权保持敏感，以免人们认为你的权力会削弱他们对 ARC 的体验，哪怕你确实出于好心。合法权通常也被叫作职位权力，它有着多种表现形式。

● 相互性是来源于雇员的力量，他们感觉自己有义务服从你的要求，因为你对他们做了一些积极的事情。

● 平等权，也叫“补偿物”，表示一个员工感觉到你期望自己做的工作能获得某种报酬，或者你期望自己为这段工作关系所付出的努力能得到回报，此时你就拥有相应的权力。

● 依赖权表示下属感觉自己有义务帮助你，因为你有需求——并非出于人际关系的心理需求，而是出于一种强加给自己的社会责任感。

● 专家权来自于你知识积累的深度和广度。专家权依赖于下属对你出众的知识储备的认可。

● 信息权依赖于下属如何看待你展示有说服力的材料或逻辑的方式。

即使是最后两种权力也可能导致员工拥有次最佳的激励前景，他们会感觉你的专业技能或对信息（知识或权力）的使用会控制、威胁或打击他们。

归根结底，权力会削弱人们的心理需求。不仅包括你使用权力的方式，还包括人们能感知到你拥有权力并且能够使用权力。你的权力要求人们花费更多的能量进行自律，从而形成一个能让他们体验到自主权、人际关系和竞争力的工作场所。正如德瑞所说：“权力是一个很珍贵的东西，它能引诱领导者们自欺欺人，并与他们的下属产生隔阂”。

如果你就是电梯里的那位首席执行官，凭着你的职位等级，就算你并未在电梯里行使权力，你“拥有权力”这件事也能改变自己与下属之间的气氛。所以，作为一位领导者，你应该做些什么？

肯·布兰卡德曾在七年级时被选为班长，当时他的父亲西奥多·布兰卡德向他表示祝贺，并告诉他：“你现在有权力了，但永远不要使用它。伟大的领导者之所以伟大，是因为人们信赖并尊敬他们，而不是因为他们有权力”。西奥多·布兰卡德是一位海军上将，他告诉肯，任何自以为军事化领导模式是“要么听我的，要么走开”的人从来没去过战场。根据布兰卡德上将的说法，如果领导者有这样的领导风格，他的下属就会比敌人抢先一步击毙他。

你可以发挥自己的全部力量试图激励员工，但如果你“想要”他们体验到最佳激励前景，你的激励就不会起作用。转变到最佳激励前景这件事只能由员工自行完成。然而，你创建的工作场所对于人们是否能更容易地（或者更难）自律、满足自己对ARC的心理需求以及体验到最佳激励都有着巨大的影响。

我们需要改变“领导者们手握大权”这种信念。想想一个最佳激励信念会带来什么不同。领导者们的职责是创造这样一个环境，它能够让员工更有可能满足自身对ARC的心理需求。

当你避免有害的做法并接受最好的做法时，你就会利用自己的权力培养一个良好的工作环境，在这样的环境里，你的员工、公司和你自己都能在最佳激励中得到回报。

不起作用的方式	起作用的方式
施加压力，并要求别人负责	提供选择。在界限范围内探索更多选择
依赖你的职位或强制力	探索个人对目标自然产生的兴趣和热情
对于你的决定，你隐瞒相应的理由，拒不透露	给出合理的理由，分享信息。公开讨论你的意图

重新思考第四个有害理念：唯一一件要紧的事情是结果

在最近的一次演讲活动中，我问道：“这句话你们打算怎么说完整：职场里，唯一一件要紧的事情是……”答案太明显了，三百多位听众几乎是异口同声地大喊：“结果！”

接着，我请他们思考“结果”这种专制对职场有什么影响。这并不容易。一旦你没有得出好结果，领导者们就不给你好脸色看。高级主管们很难想像，除了图表数据给出的结果以外，这一天工作的最后还有什么要紧的事情。我请他们考虑三种另外的东西来替代他们以前对结果的关注。现在，我也请你考虑他们。

选择 1：重新定义并再塑造结果

人们想要达成公司给出的指标和分配下来的目标（只要它们足够公平并得到同意），但通常将它们诠释为外在的或者强加的东西。你可以通过阐明这些指标背后的重要价值来帮助他们转变到均衡的激励前景中。如果这些指标被实实在在地定位成一种满足崇高目的的手段，人们甚至会转变到整合的激励前景中。

人力资源公司 Express Employment Professionals 在最近一场特许商会议中宣布了销售目标后，领导者们提醒与会者，他们工作的目的是让一百万人去工作。于是，产生的能量如同电流般扩散开来！我的出版商贝雷特·凯勒（Berrett-Koehler）将出版物目录分发给了购买者，目录封面有一句醒目的话：“我们团队致力于创造一个让所有人受益的世界”。就我个人经历而言，我在贝雷特·凯勒出版社达成每个目标、指标和决定的过程中都谨记这个目的。当我收到一个细节化的出版计划时，我不再将截止日期看作是强加给自己的“令人恐惧的日期”，而是将其当作是一个有帮助的指南，助力我们每个人各司其职。这是我的第六本书，但也是我第一本在贝雷特·凯勒出版的书。我从来没有像现在这样带着最佳激励的状态来面对截止日期！

以不同的方式塑造结果并相信个人一定会达成重要指标，这能帮助人们转变自身的激励前景。

选择 2：设立高质量的目标

研究表明，领导者们需要帮助员工避免潜在的外在目标，比如：

- 社会认可，比如增加朋友或联系人的数量，以此提升社会或职场地位。

- 形象和外貌，比如为了在一次团聚活动中让自己更好看或者更有吸引力而去减肥。

- 物质上的成功，比如赚更多的钱、买豪华轿车，或者搬到一个高级小区居住。

相反，领导者们需要帮助个人设立能够为其带来更适宜的激励前景的目标，包括:

- 个人成长，比如提升听力或练习专注力。

- 紧密联系，比如与员工形成一个指导关系，或者与他人强化工作联系。

- 集体利益，比如为一个集体而非你个人做出贡献，或者为之带来改变。

- 身体健康，比如通过减肥来增加能量，或者改变你的饮食习惯来降低血压。

下面两个目标之间有一个实在的、有意义的区别:

- 如果你吃得健康，那么当你年纪大一些之后，你的体格更有可能变得健壮，并且看起来年轻。

- 如果你吃得健康，那么当你年纪大一些之后，你更有可能保持身体健康。

现在将这种比较应用到职场上，请你思考下面两个目标描述之间有什么实在的、有意义的区别:

- 如果你在整理数据，你更有可能加入总裁俱乐部，并有资格获得一次奖励旅行。

- 如果你在整理数据，你更有可能解决客户的问题，并做出改变。

个人将受益于高质量的目标。定下这些目标也能帮助你从结果转变到有意义的结果。

员工所定下的目标的质量决定了他们职场体验的质量。目标背后的价值观决定了目标的价值。

选择 3：不要暗示“为了结果可以不择手段”这种想法

如果你相信结果是唯一要紧的事情，而不思考那些结果为什么有意义，以及人们如何达成这些结果，那么你的意思其实就是，为了结果我们可以不择手段。这可真是一幅糟糕的画面。我们不需要激励科学来证明手段的重要性。我们每天都能在新闻中看到，某些人、组织机构、行业甚至整个国家由于看重结果而不在乎手段，结果造成了丑闻和各种可怕的故事。

奥斯卡金像奖 2005 年提名的纪录片《安然公司：房间里最聪明的家伙们》（Enron: The Smartest Guys in the Room）里的一帧图像被截取出来，展示于颁奖现场。你可以阅读该纪录片所依照的原著，但你就听不到那些轻浮的能源投机者和人民群众之间被录下来的、令人不安的对话。加利福尼亚州被大火吞噬，人民失去了他们拥有的所有东西，包括生命；而前者却兴高采烈地对此表示祝贺，因为他们知道这场火灾会带来更多的能源需求，价格也会水涨船高。他们需要为这一事件及结果负责。

安然事件被认为是美国历史上最丑陋的商业丑闻之一。而更让人苦恼的是，它表明了人们为了达到目的，看重结果而无视手段时，会发生什么。你同情那些毁在能源投机者手上的人，也同情投机者他们自己。他们醉心于垃圾食品般的激励前景，这种前景如此不健康，以至于毒害了他们的道德观。投机者们对于自身的行为负有责任，因此我认为每个人都需要学习最佳激励的技能。然而，领导者们也有责任，因为他们创造的文化环境所基于的理念会损坏自主权、人际关系和竞争力，从而导致人们做出不人道的行为。

对结果的重视可能会带来短期收益。然而，一旦人们感受到压力而不是自主权，感受到无助而不是良好的人际关系，并且觉得自己被利用而不是觉得自己有竞争力时，这些收益就充满了风险，它们的价值也会打折扣。

结论很明显：人们能够达成你想要的结果，即使在这个过程中，他们的心理需求较难得到满足。但他们的负能量以及对幸福感的缺失使他们很难保持或再次达成这些结果——更不可能超越它们了。

请摒弃“结果才是唯一要紧的事”这个旧观念，并考虑接受一个最佳激励前景的观念。最终，真正要紧的事情不仅是人们达成的结果，还包括人们达成这些结果的原因和方式。

当你关注职场中真正要紧的事情时，请观察人们以及你自己的能量转变。关注有意义的结果，它们能满足人们对最佳激励的心理需求。然后，请相信这些好的结果会不断增加。

不起作用的方式	起作用的方式
将目标和截止日期强加给别人	展示目标和时间表，它们是达成结果的有价值的、有必要的信息。预期结果已经过彼此同意。当个人在达成所需结果时，请帮助个人重塑有意义的目标
更多地关注组织机构的需求，而较少地关注下属的需求	为个人提供适当的指导和支持，这些都应匹配他们各自的发展水平
只对结果进行评估，忽略达成结果所付出的努力	探索替代方案来刺激实施战略

重新思考第五个有害理念：如果你不能衡量这件事，也没关系

我长期以来都是“SMART”指标设定原则的拥趸，其中M表示“可衡量的”。然而，随着时间的流逝，我发现具体的（Specific）、可衡量的

（Measurable）、可达到的（Attainable）、相关的（Relevant）并且有明确截止期限的（Time-bound）指标显然还不够“明智”（smart）。我将 M 的含义改成了激励的（Motivating)，并将可衡量的移到“具体的”定义中。增加这一层含义能够让我的目标在情绪层面激发我的兴趣，因此更加有效。这似乎对其他人也起作用。现在，激励科学会给出合理的解释。

无法衡量的事物本质

设定可衡量的目标和结果非常重要。在你前面设定一个清晰的终点线能很好地激发你的动力。之前，我鼓励领导者和个人将可衡量的目标重新定义为有意义的目标，从而确保获得更优质的结果。然而，我们需要越过 SMART 指标设定原则，并接受工作中不太容易被衡量的方面。

比如说：如果你是一位家长，你很有可能在孩子的教育和技能习得方面设定了 SMART 目标。但你如何回答这个问题：你对孩子寄予的最大希望是什么？大多数家长会告诉我，他们希望自己的孩子能体验到有意义的人际关系，享受与这个世界的深刻联系，为社会做出贡献，给予并获得爱情，达成一个崇高目的，对工作保持热情，发现让自己开心的事物，感受到安全和稳定，明白自己有选择权，并且有能力控制他们周围的世界。

大多数家长对孩子寄予的梦想无法轻易衡量。当我问领导者对于员工有什么最大期望时，就会发生同样的现象。他们可能会使用不同的术语，但是他们希望员工拥有积极的幸福感。这种希望的核心其实是让员工满足自己对自主权、人际关系和竞争力的心理需求。尽管领导者们真正想要的，是员工能够在情绪高涨、充满动力的工作中为公司带来利益，这是永恒不变的事实；但领导者们依旧会关注他们能轻易衡量的事物。

在实际的职场生活中，最有用的方面往往最难衡量。

如果你相信“如果你不能衡量这件事，也没关系”这句话，请问问自己为什么。在你的舒适圈之外来处理事物的情绪本质，这件事很难衡量吗？你是否相信你的工作是为了控制周围环境，并且你也很难控制一些无法轻易衡量的事物？

一些事物最好不要去衡量

生命中最大乐趣之一就是在意大利用餐。问问任何去过那里的人吧——意大利的食物更好吃。我曾经在意大利的托斯卡纳区参加了为期一周的烹饪课程，那是一次意义深远的体验。我说“意义深远”因为它真的改变了我的生活质量——改变的不只是我的烹饪水平，还有我对日常生活的看法。授课的厨师拒绝提供他所做的任何东西的精确数量。“我如何能告诉你们，我往意大利面团里加了多少水？这得看你的面粉质量以及天气，也就是温度和湿度。你必须加一些水和油，直到它刚刚好”。他也不太愿意拟定本周的一个详细菜单或计划。如果西葫芦开花了，我们就会炒节瓜花；如果没有，那么成熟的西红柿就会成为意大利番茄沙拉的中心装饰品。厨师其实在教我们留心周围的世界——关注现在，观察我们周围的环境，明白自己有很多选择。食品或许已成为了某种意义深远的事物。人们也能品尝出不同滋味。

请你改变“如果你无法衡量它，也没关系”这个观念，而是将最佳激励的观念投入实践中。如果你无法衡量它，它很有可能非常，非常重要。

当然，我们在生活和工作中需要衡量很多事物。制作点心就是一门科学，其中，不同的衡量过程就会带来不同的成品，有可能是蓬松的纸杯蛋糕，也有可能是像冰球一样硬的点心。但是领导者们确实会成长，他们更专注于实现自己的梦想和期望，并强化自己的经验，而这些都无法轻易衡量。这包括能够与自身感受和谐共处。职场中的人们天生就有情绪，如果领导者阻止这些情绪出现（包括他们自己的情绪）是因为他们不够专注或能力不足，无法应对，那么我们就无法做一个完整的人。这就是我们为了和谐共处而付出的高昂代价。当你利用领导力来提升很难衡量的事物时（比如爱、喜悦和感激），请观察能量的转变。你的下属会很吃惊。

当你用最好的方式来领导下属，并鼓励他们满足自己的心理需求时，请挑战你自身的舒适圈。

不起作用的方式	起作用的方式
过于强调指标和竞争	探索个人对目标自然产生的兴趣和热情
低估学习的作用。始终延误或取消学习和提升的机会，以及培训课程	强调学习目标，而不只是业绩目标
认为错误不可原谅	鼓励反思和成长。将犯错看作是学习中不可避免的部分

扼要重述“重新思考五种损害工作动力的理念”

对于“为什么激励他人不起作用”以及“什么能够起作用”这两个问题，你现在弄明白了什么？谈到激励，我希望你愿意挑战自己的信念以及基于那些理念所形成的价值观。

你最根本的理念和价值观是强化了还是损坏了职场中的最佳激励？

并非所有的理念都是价值观，但所有的价值观都是理念。你的理念质量决定了你的领导价值观的质量。你的领导价值观最终会决定你的领导方式，以及你所创造的职场的质量。

第七章　最佳激励的希望

领导者拥有特权。你所说的话，说话的方式，以及说话的原因都会影响下属的生活。

你作为领导者所拥有的最佳激励的希望

大卫·费希和我向在场的主管听众提出了一个问题：“你想从员工身上得到什么？”

我们很快就收到了很多合理的回答，比如“我需要他们的专注、注意力、努力、奉献和忠诚”，“我要他们达成我的期望，拿出他们的业绩指标，达成他们的目标，做我让他们做的事，并得到结果”。

然后我们问了一个后续问题：“你们想为员工带来什么？”

有趣的是，一个问题就改变了几个字，却让大多数人哑口无言，目瞪口呆。你能够看到他们表情里的怀疑甚至愤世嫉俗，因为他们感觉你即将讨论一些十分多愁善感的话题。在我们多次鼓励之后，还是有些主管答出了他们想要为下属带来的东西：快乐、安全、稳定、健康、趣味、成就感以及平和。

这些答案非常吸引我们，它们和第四章所列出的积极幸福感的特征十分相似。主管们倾向于关注他们从员工身上能得到什么，以此来追求结果。他们反过来思考（想想自己能给员工什么）其实也能达到自己的目的。

当你关注于自己能给员工带来什么时，你更有可能从员工身上得到你想要的结果。

组织机构所拥有的最佳激励的希望

大多数领导者们都受困于这样的体制中：员工经常被驱使，而很少有发展、提升的机会。组织机构的体制都建立在一个错误的想法上：人们需要得到鼓励、奖励或者驱策才能达成目标。他们低估了人们成长、进步和贡献的基本需求。人们有茁壮成长的基本需求。

即使有了新的激励科学，很多组织机构依然会依赖外在手段激励员工，因为那些手段往往显得便捷、简单并且容易控制。问题是，代价是什么？不断增加的薪资，奖金和其他奖励都是明显的代价。而一旦组织结构将重心放在奖励排名前 10% 的优秀员工上，这会对其他 90% 的员工的动力产生什么影响？这些传统的、垃圾食品般的激励方式会破坏人们的心理、生理健康，增加旷工率和保险费率等等，这些潜在的代价又该如何应对？还有奉献、忠诚、创造力和创新精神方面也会丢失一些机会，又该怎么办？

是时候考虑教授领导者和个人如何激活最佳激励了，因为它能带来潜在的机会。如果公司不只是像以前那样关注结果，还关注工作表现和生产力，从而集中精力帮助人们满足他们对 ARC 的心理需求，会发生什么？如果领导者们学会了避免采用有害的领导方式而采用最佳方式，包括激励前景对话，会发生什么？如果价值观的发展过程都以最佳激励理念而不是过时的传统观念为基础，会发生什么?

这些问题的答案都指向了这样一个工作环境：在这种环境里，有自主权的人们愿意自己主动负责事务；有意义的职场关系转化为组织公民行为；竞争力引导出一个不断学习的组织，这个组织充满创新、高质量的产品和服务，以及改进后的工作流程。

当这本书里的想法都从理论变为实践时，职场中就会满是热情的员工，他们都带有积极的幸福感，而这样的职场环境就会带来机会和希望。

你领导的员工所拥有的最佳激励的希望

下面的个人经历再次强调了你在帮助他人重塑其激励体验时会带来的不同结果。

这场比赛要么是亚莉克莎的最终场，要么是通往州冠军的敲门砖。她的高中排球队正在与来自城市另一端的对手进行比拼，获胜者将代表本赛区出战决赛。任何参加过高中运动队的人都知道这种比赛非常紧张和激动人心，运动员的家长们可能会比自家孩子更加热情。亚莉克莎的父亲，德瑞，和我时时刻刻都在观众席上大叫和跳动。在“三局两胜”阶段，两个队伍打成平手，所以需要进入下一局。要么成功，要么失败。该排球比赛为“发球方得分制”，即一个队伍得分的唯一方式，就是在发球时得分。发球者会一直发球，一直到她丢分为止。亚莉克莎的队伍落后，看起来并不乐观。然后轮到亚莉克莎发球。似乎在她整个发球期间我都无法呼吸了。

她赢了第一分。然后第二分。亚莉克莎的队伍领先，接着，他们拿下了这场比赛，德瑞和我高兴得发狂！我从看台冲下来表示庆祝——我几乎是飞了下来！不知为何，我的丈夫先我一步来到亚莉克莎面前，然后做了意大利父亲都会做的事：亲吻她的前额，然后拥抱她。

我急不可耐地想要祝贺她。最后，德瑞退后一步——我以为该轮到我了。但他双手放在亚莉克莎的肩膀上，盯着她的眼睛然后问道："亚莉克莎，轮到你发球的时候，你们9∶12落后。你发球结束后，你们13∶12领先，接着你们就赢了这场比赛。你对于今晚自己的发球有什么感受？"

我翻了个白眼然后想，别说啦，让我和她庆祝吧！然后我发现了以前自己一直没有发现的事情。亚莉克莎的眼睛真的在放光。她说道："爸爸！你一直都知道，我讨厌在这个暑假去练球，并且我对自己的发球一直没有信心，我差点想退出排球队，是吧？今晚，当我击打抛在头上的球时，我看到了球的移动轨迹，然后我就知道，他们不可能接到这个球了。我感觉自己打出感觉了，太棒了！我真为我的团队感到高兴！"

在那个时候，我意识到了与他人一起激活最佳激励的力量。在德瑞的智慧里，他首先对自身实践了激励技能。通过他自己的高度自律，他把这一刻全部留给亚莉克莎和她的经历，而不是他的经历。如果我先向亚莉克莎庆祝，会发生什么？我容易激动，喜欢祝贺别人。我们的对话很可能全都关于我：我有多激动，我有多高兴，以及我自己对刚才发生的一切的观点。我需要反思，并问自己：为什么你很激动？你在庆祝谁的经历？

如果我比德瑞先祝贺亚莉克莎，我就有可能损害她的心理需求，只满足我自己的需求。德瑞在自律的基础上，出于自己对女儿的爱而做出行动。此时，他给了女儿一份无价的礼物。

问亚莉克莎她的感受给了她自主权这份礼物——她有机会来仔细思考自己会如何解读刚刚发生的事情，以及她会如何记住这份经历。

德瑞给了她人际关系这份礼物——他显然更关心女儿，而没有过分关注自己表达“我好兴奋”的需求。他还帮助她将自身的优异表现与整个团队的经历联系起来。她发现自己之所以高兴，并不只是因为赢了比赛，还因为她为团队的成功做出了贡献。

德瑞还给了她竞争力这份礼物——我相信，这是亚莉克莎在少女时期第一次将努力与结果、投入与产出各自联系起来。她此刻感觉自己能驾驭一切。她在此生都能够回忆起并再次品尝到这种竞争力的感觉。

她父亲创造了一片祥和、宁静，而这样的环境容易让人只会想到胜利。亚莉克莎通过反思，感受到了更有深度、更有意义的愉悦。别误会——她感到高兴，但高兴的原因发生了转变。父亲和女儿之间的互动强化了最佳激励的力量，然而这其中学到的经验在任何工作场所都适用。

最佳激励的希望的实质

对于领导力来说，非常讽刺的一点是，激励你的下属之所以没有用，是因为他们已经被激励了。人们一直都在被激励。而有用的方式是帮助人们理解为什么他们得到了激励。你有机会促进人们转变到一个最佳激励前景，这样他们就能在成功之路上不断成长。当你为自己激活了最佳激励时，你不仅体现出了模范带头作用，你还创造了一个连锁反应来鼓励员工朝着最佳激励前景转变。

想像一下，人们来工作是因为他们体验到了积极的幸福感，感觉自己正在为比自身更重要的东西做出贡献，并且在不断的成长和学习中感受到快乐。人们在成功之路上会不断成长和发展。这就是最佳激励的希望。

肯·布兰卡德的编后记

毫无疑问，你刚刚阅读过的这些观点会改变你的领导方式。但我有一个重要问题：你是否有动力去领导下属？哈哈！我知道这是个愚蠢的问题，所以我想问，为什么你有动力去领导？

我十分确信，伟大的领导能力来自于内心——如公仆一般的领导者的心。若你领导下属时正处于次最佳的激励前景中，那么你一定不可能采用公仆般的领导方式。

如果你领导时处于不感兴趣的激励前景，你不会将任何人带到任何有意义的地方去。如果你处于外在的激励前景，只关注公司资产建设或自身财富，你只会将视线放在比赛的得分板上，而错过比赛中最重要的部分，即通过帮助员工发展来保证可持续的成功。如果你处于强加的激励前景，你的痛苦变成你下属的痛苦，然后再变成你顾客的痛苦。

另一方面，你的最佳激励前景会产生积极的连锁反应，只要你不会热情过了头，以至于盲目地将自己的理念和价值观强加给别人。请和他人一起讨论你已经学到的内容，并表示希望自己能做一些不同的事情。如果你关注职场环境，请与你的直接领导进行一场合作的对话，并与之就共同的目标达成共识。然后趁热打铁，进行一次激励前景对话，并提出这个关键问题：为什么你有动力想要达成这个目标？你会看到，处于次最佳前景同时也在追求目标的人与处于最佳激励前景的人有着完全不同的体验。你现在已经理解了人们的各种激励前景，你就能够为他们带来正确的指导和支持，帮助他们获得并保持高质量的竞争力和对工作的投入。

公仆般的领导者最能够关注环境，且受到了最佳激励。他们将领导决策和行动结合在一起，找到行动的意义，以此发展自身价值观。他们将自己的工作与崇高的目的整合在一起。他们以积极的方式影响人们的生活，并为社会做出贡献，并因此发自内心地感到快乐。作为领导者的你也会带来改变。你会带来什么改变呢？如果你将本书里的理念化为行动，你更有可能成为一个公仆般的而非自私自利的领导者。

电子商务公司亚马逊的名人堂近期将肯·布兰卡德纳入了“史上作品最畅销的25位作家”之一。他与苏珊一起合著了三本书。

后记　激励大师

想想你曾见过的最好的上司。你会想到谁？你所想到的人很有可能与本小节描述的领导者有共同点：在领导过程中保持专注，并基于高度成熟的价值观和高尚目的来行动。你会看到，一些精通领导之道的人会凭直觉利用书中的理念来领导，其他人则会下意识地在职场中植入这些理念，可能有两位大师级的领导者根据这些理念的核心创造了自己的一套领导科学。十五年以来，我见证了这些激励大师们创造了能够让员工茁壮成长的工作环境；结果，我也见证了他们的顾客和业绩指标也在成长。

我想像着，十年以后，我会看到一个意气风发的年轻领导者正在阅读本书的第五版。我的梦想是，那位年轻领导者在回答“他 / 她曾遇到的最好的上司”这个问题时，心里想到的是你。我希望通过运用本书阐述的这些观念，你会成为某人的激励大师。

菲尔·杰克逊

不寻常的方法，不寻常的结果

菲尔·杰克逊是纽约尼克斯篮球队的老板。当他以一个自愿退休的教练身份重返球场，进入纽约尼克斯篮球队董事会，并签下长达 5 年的 6 000 万美元聘用合同时，很多媒体将其描述为“既抢钱又夺权”。毕竟，还有别的什么能够让这个 68 岁的人离开西海岸的家庭和未婚妻，在一生的此时此刻回到纽约继续忙碌地工作吗？

一旦你更深入地了解了菲尔的生活和工作方式后，你就能明白他做出这个决定背后的真正原因，而不是媒体报道的原因。作为国家篮球协会（NBA）史上获胜次数最多的队伍的教练，菲尔很清楚该如何满足自己以及他所训练的队员的心理需求。现在他有机会凭借自己的价值观和敏感性来塑造和磨炼整个组织。他有权力做出重大决策（自主权）。他能够利用成熟的价值观来帮助尼克斯队融入更深层的目的感和意义，以及挖掘自己广阔的关系网来吸引更多人才（人际关系）。他会利用几乎五十年以来的 NBA 比赛和执教经验来创造一个公平、志在必赢的团队（竞争力）。

菲尔在传奇的职业生涯中有过很多有趣的昵称——有些昵称他或许不愿提起，有些昵称只出现过一段时间，还有一些昵称他并不介意。他提到自己最有名的昵称之一——“禅师”，因为他在更衣室里经常冥想，并进行其他仪式。他教队员通过保持专注来达到自律的目的，很多人认为他的教授方法打破了常规。篮球队员们无法抵抗优厚薪资、名望和权力的诱惑，而他们很有必要关注这些外在激励因素以外的东西。菲尔常说，他希望队员们有所觉悟，哪怕就一小会儿，看到之前未看到的，听到之前未听到的，并利用他们丰富的内在资源促使自己拥有高质量的体验。

无论你怎么称呼菲尔，他的领导方式与本书阐述的激励科学之间有着千丝万缕的联系。请注意，菲尔对于很多讲述领导力的书籍持怀疑态度。以他的经历，大多数领导力教科书里提到的所谓的普遍原则几乎没有用。

他认为，如果要将某个组织机构内的盛行文化从某个阶段转变到下一个阶段，你需要找到一个杠杆，使之适应该特殊阶段的集体发展。激励也是如此。如果你无法理解能够影响人们激励方式的杠杆，你就不能指望以有意义的方式激励他人。

在菲尔多年的经历里，他很清楚，真正的激励杠杆与很多教练所认为的都不一样。在他的书《11枚戒指》（Eleven Rings）里，他揭示了两种不同的教练：一些教练带领团队走向成功，而另一些则是驱使他们。他曾受教于一些受自尊心驱使的、认为驱策人们就能获得好成绩的教练，或者曾与他们一起执教，之后菲尔选择成为第一种教练。这种领导方式与“以结果为导向”的方式完全对立，前者所创造出的工作环境无须让人们消耗自身宝贵的能量来处理会抑制他们内在天赋的外界压力。

菲尔创造性地探索了什么能真正地、有深度地激励人们，并发现了令人耳目一新的替代方式来驱使人们获得成功。他的方法或许让很多队员都感到陌生，但是他们照单全收。现在，激励科学解释了为什么他的方法能有效地帮助队伍在芝加哥赢得六场冠军，又在洛杉矶赢得五场。菲尔工作于充满风险的专业运动世界里，这个世界很容易让人分心，并使得人们无暇关注工作和生活中真正重要的事情。他一直都关注于如何让队员集中精力传好球，把握记分牌上的每一分。

菲尔·杰克逊的成功提醒了我们“为什么有必要关注我们领导者在工作中真正重要的事情”。正如菲尔所说：“这种领导意识需要花时间来培养，而一旦你掌握它之后，虚无缥缈的东西就会变得实在，比赛就会像一个故事一样在你的眼前生动地展开”。

科琳·巴莱特

ARC 已起航

科琳·巴莱特是西南航空公司的名誉董事。名誉董事是一种荣誉头衔，是对模范工作的认可和赞赏。但科琳是一个说做就做的女性，因此她依旧每天前往位于达拉斯的西南航空总部工作——这并非因为她有正式的职责，或者她需要对业绩结果负责，而是因为她试图保持自己四十多年前打造的公司文化。

如果你乘坐过西南航空的航班，你就知道他们很看重公司文化——无论是员工制服，还是空乘人员于起飞前所播报的通知。在最近一次的飞行中，我们的空乘人员通过广播系统提出了这个问题："谁掉了这个钱包？"于是我们纷纷抬头看这是不是自己的钱包。然后他说："很好，现在大家的注意力都在我身上了，请检查你们的安全带是否系好"。所有乘客都大笑不止，并认真聆听了其他安全须知。

这种幽默感是西南航空的标准操作流程，但它来之不易。科琳的领导层和员工做了大量工作，让联邦航空局和顾客群体相信，不仅他们的空乘人员会播报法律要求的所有安全法则，而且乘客确实都在听。有人说西南航空的制服过于休闲，科琳反问道："如果发生意外，你觉得他们穿舒适宽松的长裤和网球鞋好，还是穿高跟鞋、尼龙衣裤好？"

科琳在西南航空的任职期间，几乎每天都在与官僚主义做斗争。她实际上是在为员工的自主权而奋斗。只要员工能达到安全法则的要求，她就争取让员工在工作中表现出创意。她从来不认为人们应该在上班之前把个性留在车上，或者穿上制服，然后像鸭子一样一边踱步走，一边嘎嘎叫。“我向员工解释，我们聘你来工作，是想得到完整的你。我们以不同的理由聘请不同的人。请发挥你的长处。我认为西南航空受益于员工的多元性，他们既能做好自己，又能作为一个团队团结一心”。

ARC的力量在西南航空得到了充分的体现。科琳为员工争取自主权这件事展现出她完全信任员工在制定决策和有效工作方面的竞争力。通过争取他们的自主权并信任他们的竞争力，她帮助人们满足了其对人际关系的心理需求。

科琳做到这个份上，都可以称之为“爱”了。她知道“爱”并不是美国公司里常用的一个词，但是她坚持认为西南航空公司的爱非常真实。作为董事，她在直爽与真诚中表现出了她的爱。无论从哪个方面来看，科琳都算不上“温和”，但是她很爱自己的员工。她会秉着实事求是的态度与员工沟通，比如他们的工作表现欠佳，或者让一位顾客感到失望。她甚至还“开除”过顾客。比如，在了解到西南航空已付出最大努力并抱着良好意愿却依然无法满足某位女顾客的需求时，科琳祝她一帆风顺，并让她乘坐竞争者的航班。

科琳坚定地说道：“领导者需要花费更多时间与下属进行人际交流，以此表现出对他们的关心。我更严肃地看待自己的领导地位，也认为它理所当然，我几乎没有睡眠的时间。但我感觉，我通过个人讯息、电话和会议与几千名员工沟通、庆祝，并认可了他们，我花在这些事情上面的时间很值得”。

科琳退休后，她依然充分利用时间传递爱——每一天都热情地拥抱在职员工、退休员工、顾客和业务伙伴。西南航空的成功清楚地证明了科琳·巴莱特创造的自主权、人际关系和竞争力（ARC）的文化环境无论在过去、现在还是未来都起到重要作用。

迈克·伊斯利

首席执行官深入钻研

迈克·伊斯利是位于美国怀俄明州吉列市的粉河能源公司（Powder River Energy Corporation，简称 PREcorp）的首席执行官。PREcorp 是一家致力于向蛮荒的美国西部偏远农村地区输送能源的合作性组织。这些地区太过偏远，以至于公共事业公司难以为其提供服务。在过去的若干年里，迈克与领导团队制定了一个战略执行模型，它能够为合作组织成员带来 20% 的价值产出。你可以问问迈克，他如何能在这个充满能源、动力以及遍地是会修理线路的牛仔的山区里获得成功，你可能会对你所听到的内容感到惊讶。

迈克在 2011 年遇到了职业生涯的转折点，此时他决定离开 PREcorp 并开始找新的工作。当他的理想职业落空之后，他陷入恐惧中。在这段时期内，他曾在当地一家养老院里为一场宗教仪式提供音乐，他以前做过这种工作。那个夜晚，牧师没能到达现场。迈克发现自己在主持这场仪式，领导所有的祈祷者，并弹着吉他。这一刻改变了他的生活。迈克说他在这场仪式中，体验到自己与现场每个人以及音乐都建立了意义深厚的联系。他在为他人的福祉做出贡献的同时，也深深地感受到了快乐。

迈克很早就接受了本书的观点。他的整个领导团队在最佳激励研讨会发展的前期就参与了基础测试。在养老院的那一晚，迈克发现自己多么渴望满足人际关系的心理需求。此后他每周都来一次养老院，将其作为一种习惯。他开始自我表现，并且这使得一切都变好了——他的音乐、歌曲写作、演唱、热情，以及他对别人的感同身受。他开始挑战自己天生的内向性格，接着就发现自己能够更自由地与别人交流了。他明白了，他是一个完整的迈克，而不是多个不同的迈克的组合体——在家里的迈克、工作的迈克，以及对着老年人弹唱的迈克。他很期待体验到人际关系。他想要在生活的其他方面也体验到自己在养老院里曾感受到的快乐。

他发现自己求职是为了满足人际关系的需求。作为 PREcorp 的首席执行官，他拥有自主权。他拥有多年的工作经验，所以他有竞争力。他不需要一个新工作，他只需要在 PREcorp 里感受到人际关系。

迈克充满能量，回到了他一开始本来很想离开的公司。他实施了一个“憧憬过程”。他在一次视频会议中与 PREcorp 的员工讨论粉河能源公司在他们的生活和社区里扮演着什么角色。他在与董事会的共同努力下，改变了自己的角色，将大部分运营职责转移给一位新的首席运营官，这样他就能集中精力建立新的文化。迈克希望其他人在工作中也体验到人际关系。

PREcorp 有了杰出业绩之后，迈克的团队正在利用公司最新的战略执行体系来培训美国其他的 100 个能源合作公司。他致力于让整个行业变得更加强大。迈克继续反思他的个人转变：“我从来不想止步不前，我想要冷静下来，并以积极的方式继续成长。我认为领导者们需要发展他们希望员工和队员能够拥有的技能。除了这种方法以外，我不知道你还有别的什么办法让自己成为值得追随的领导者。但如果你想要成为别人愿意追随的领导，你得先领导你自己。我不想在职业生涯的最后看到的是一片狼藉。

“激励他人不起作用——此时需要拥有一种全新的心态。我想要展望未来，看到一个更温柔的、更和蔼的、更美好的我在帮助他人获得成功时，自己所积累的财富。如果我会成为公仆般的领导者，我需要展现出自己在养老院里与所有的迈克一起挖掘到的爱——在生活中的每个方面都呈现出一个完整的我”。

比利·山口

拥有自己的领导风格

比利·山口是山口美发沙龙的所有者之一。我喜欢他的书，《风水之美》(Feng Shui Beauty)。但我好奇的是，一个给詹妮弗·安妮斯顿这样的明星做头发的知名造型师以特邀嘉宾的身份出现在“天使面孔养生所”时，他会对现场的年轻女性说些什么。这里的某些女生曾遭到非常可怕的烧伤意外，容颜完全被毁。我们希望他能讲一些“内在美”的东西来感染这些女孩，而不是背道而驰，只阐述好莱坞水准的外在美。

比利和女孩子们待了一下午的时间，他发挥了自己的神奇作用，让所有人心服口服。他说道：“你们很有必要认识真正的自己，因为有很多人看不到他们内心的美”。他强调，他们需要感受到自己的内在，明白自己是谁，并以外在形式表现出来。他启发了所有人。比利服务顾客所得到的快乐不言而喻——无论她们是名人，还是有可怕伤疤的女性。比利确实是激励大师，他能够挖掘出顾客的内在美。

但他承认，在激励自己沙龙的员工方面，他就没那么自信了。即使他所拥有的其中一家沙龙被誉为“加利福尼亚州五大沙龙”之一，以及“来加州旅游的 25 条最佳理由”之一，比利依然很难理解为什么一位造型师员工并不热衷于建立自己的客户群，或者抓住机会来成长、学习并变得更优秀。如果一位造型师无法体现出自己的热情或者职业道德，这会让比利很困惑。

正如很多成功的企业家和领导者们一样，比利认为他的员工能够和自己一样受到激励，而且激励的理由也一样。他一开始尝试将自己的价值观和目的感灌输给他人，但正如他所料，这不起作用。于是，他开始探索别的方法来取代传统的“激励”方式。

然后他发现了激励他人不起作用的原因。人们被自己的价值和目的所激励，而不是他的价值和他的目的感。人们并不会被外在的奖励或者对失业的恐惧所激励。他和管理层采用了不同的方式。有意思的是，比利开始对员工做一种他很擅长对顾客做的事情——挖掘他们最好的内在，并以外在形式表达出来。比利解释道：“我们花时间在员工身上，帮助他们提升自己的职场价值和目的观。现在当我们向他们提出要求时，比如参加培训，尝试新的造型技术，或者帮助建立业务，我们也会与其进行激励前景对话，帮助他们理解这些要求是否以及如何与他们自己的价值观和目的相关联。我们帮助他们从次最佳的激励前景转变到最佳前景。我们帮助他们深入剖析自己每天来工作的原因。

“我们的员工现在更满足于自己的工作，我们的顾客也能感受到不同。前景对话所带来的附加值就是我们管理层以及我自己能够感觉到的全新能量。我一直乐于关怀我的顾客。现在我更乐于帮助员工展现出自己最好的一面，就像我帮助顾客那样”。

盖瑞·瑞基

成功的一剂特殊配方

盖瑞·瑞基是全球知名消费品公司 WD–40 的董事长兼首席执行官。如果你问盖瑞公司近况如何，他首先就会告诉你，公司员工的参与度得分为 93.8%，是全国平均水平的三倍。员工保留率（指员工继续在原公司工作，没有离职）也相当高。在过去的 10 年里，公司市场价值从 2 亿美元上升到12亿，远远超过罗素2000（一种小型股指数）和标准普尔指数。该品牌比以往更为强劲。

如果你问盖瑞，他和公司如何能取得如此卓越的成就，他的回答会像WD-40公司生产的工业润滑剂那样顺畅。他相信他们的成功建立在充满归属感的公司文化上。他很快指出，这里的“归属感”并非像精神赞歌那样虚无缥缈，而是坚强意志和心地温和之间达成的平衡。这个平衡点就能让人们有安全感，并且能够在工作中拿出最佳表现。

在WD-40公司2012年员工参与度问卷调查中，排名第一的回答（98%的回复）是：“在WD-40公司，我感受到了尊重和尊严”。但盖瑞和他所在的领导层如何向他人展现出尊重呢？WD-40的成功配方或许是一项商业机密，但盖瑞事业成功的关键却没有那么秘密。他提到了三项重要的实践。

“第一就是要花时间。一个领导者必须给予的并且永远拿不回来的，就是时间。当你说‘我想和你一起度过一段时间，因为我关心你；我不会伤害你’这句话时，你就能向他人传达一个很有力的信息。关心与直率相关。我足够关心你，所以我会诚恳地告诉你应该如何成长。我足够关心你，帮助你成为全新的、最好的自己。

“第二就是帮助人们远离恐惧，拥抱自由。我们消除了人们最大的恐惧之一：对失败的恐惧。人们在WD-40公司不会失败，他们有学习的时刻——任何情形下的积极或消极结果都应该在公司里公开、自由地分享。我们赞美学习时刻。

“第三就是帮助人们鉴赏价值观里的价值。我们明白，人们有能力以公司的价值观为典范，从而发展自己的价值观，所以我们不会将价值观直接强加给他人。我们经常进行价值观的对话。主管们分享他们的领导观点，讲述自己的价值观如何影响他们的决定、行为以及领导方式。人们意识到，以公司的价值观为准绳进行工作感觉很好，此时他们倾向于发展的价值观与我们的价值观一致”。

盖瑞的工作方式创造了一个让人们更容易自律的工作环境。人们不会就为了满足自己的心理需求，而在低质量的自律上消耗情绪能量。可能是因为某一次令人愉快的意外或者充满智慧的设计，盖瑞探索到ARC里互相连通的力量。人们在明确定义的、公平合理的期望与界限中行使着自主权。人们在充满归属感的文化中感受到人际关系。人们关注职场中的学习时间，在这些时间里他们能够尝试新事物、寻求帮助以及从经验中吸取教训，并因此意识到自己不断提高的竞争力。

盖瑞明白：“世上没有一种单独的激励过程。人们选择自己的激励方式。领导者的工作就是创造出一个良好的环境，让人们更容易选择最佳激励。人们可以在这个安全而愉快的环境中远离恐惧，并拥抱受价值观保护的、受愿景启发的自由，而创造这个环境需要奉献。我们真正的工作是帮助所有员工做崭新的自己，做最好的自己。做这些事情所耗费的时间很值”。

贝丝·斯卡隆博士

实施健康的领导力

贝丝·斯卡隆博士是北郡水上运动治疗中心的所有者，我和丈夫长期光顾该中心。光是谈到贝丝对我们俩的服务，我就想称赞她的激励技能。她能讲很多故事。而这里真正需要分享的，是贝丝作为一个小公司的独资企业主所拥有的领导力。

我曾经将贝丝推荐给了一位同事迪克，迪克在越南战争服役期间，因为接触了剧毒的橙色脱叶剂而导致肌肉退化。由于工作安排上的冲突，贝丝将迪克分配给了她的一位雇员凯思琳。几周过后，迪克给我打来电话表示衷心感谢，说："凯思琳改变了我的生活！我已经断断续续进行了很多年的物理治疗，但这是第一次有了真正的改变。我刚来的时候几乎不能走路；而现在我几乎能完全使用右腿了，这简直是个奇迹"。

另外一个奇迹是，贝丝的员工在受到最佳激励后，效仿并展现出贝丝所拥有的优质关怀与卓越工作的价值观。贝丝在2012年被誉为"水中运动治疗专家"，但她承认，做一个优秀的治疗师与做一个优秀的、领导其他治疗师的人之间有很大区别。

贝丝说："我已经明白了如何服务我的客户——引导他们越过灾难带给他们的恐惧和愤怒，打破文化障碍，与不同个性的人打交道，并在很容易让人发狂的医疗环境中与客户建立信任。我向病人展现出我的耐心，但我不会纵容员工。作为主管，我的态度是'喜欢它，忍耐它，坚持做完它'"。

那么，这位不说废话的领导者如何能带出一批长期任职的、有奉献精神的、拥有狂热粉丝的员工群体呢？

- 贝丝会告诉你，她雇用了他们。这是其中一部分。贝丝有着清晰的价值观、目的感，以及很强的职业道德，这使得应聘者心里会很明白自己是否符合要求。那些走进这个大家庭的员工从一开始就感受到了人际关系。

- 贝丝的员工会告诉你，她尊重每一个人。她怎么做到的？瑞安是那里的一名理疗师，他解释道："贝丝是她所在行业里做得最好的人。她很繁忙，工作很长时间。但她依然会观察并关注我所做的事——她并不是在监督我或者对我进行微观管理，而是向我提供信息，帮助我成为更好的治疗师，为客户带来更好的服务。她很少表扬别人。每当我出色地完成工作时，我都看得出这一点，因为她会告诉我，她在观察我做事时学到了什么，或者她会注意到我客户的情况有所改善，并对此发表评论。有一部关于一头小猪的电影《小猪巴比》，它说服了农场里的所有动物和农场主，你看过吗？我感觉贝丝就像农场主霍格特一样，站在我旁边说：‘那个办法可行，小猪’。她安静而有力地承认了我擅长做我的工作”。

我发现了很有趣的一点，那就是领导者们帮助员工尊重他们自己的竞争力，员工反过来也会尊重领导者们。

● 贝丝明白，如果一个人将自己的权力移交出去，这个权力会产生更多的权力。贝丝管理的所有理疗师都被授权做任何他们觉得有必要做的事情，只要能满足客户需求，符合保险公司的要求，并让疗养院充满活力。她鼓励下属在她的行为有失领导水准时，给她反馈。她与办公室主管甚至约定了一个暗语：一旦贝丝的行为破坏了职场中的自主权、人际关系或竞争力时，主管就会对她说这个暗语。

贝丝承认：“在这一天结束之后，我会是一个谦逊的老板，并意识到当你给人们足够的自由，并让他们好好工作时，他们一定不辜负你。他们让我感觉很棒！”

马特·马尼恩

优秀的领导者，优秀的引路人

马特·马尼恩是天主教领导力研究院（Catholic Leadership Institute，简称 CLI）的主席兼首席执行官。当他谈起 CLI 时，我们很难不被他的目的感和精神所感染。CLI 有一项使命，即通过一种特别的、整合的领导力课程来协助强化牧师的身份、职责及友爱。这是唯一服务美国教堂的课程。

CLI 很早就接受了“激励范围模型”这一概念。根据马特的说法，之所以研究院 22 个月的学习课程中超过三分之一的部分都致力于自我领导以及个人成长，是因为牧师无法给予他们并不拥有的东西。“牧师是传递福音的信使。如果他们自己出了问题，如果他们无法自律，如果他们无法注意到自己的情绪和需求，他们就显得资质不足，无法满足别人的需要”。

马特解释道，牧师们现在面临诸多挑战：神职人员的数量减少，环境也变得更加复杂，比如多个教区合并在一起，这会加重一个牧师的职责。“牧师们不仅要面对创建一个真实的、有活力的天主教社区所遇到的困难，还要应对教众们对他们的期望，这种期望比一般企业里的雇员对领导者的期望还要高。牧师这种角色附带的压力和要求常常使得他们更难修行，而修行则表明了他们一开始成为牧师的原因。他们常常觉得自己让所有人都感到失望，也让自己失望”。

“学会转变自己的激励前景”，这是牧师们学习经历中的一个重要部分。对他们要求过多会很容易破坏他们的心理需求。即使教堂礼制对他们的自主权起到促进作用，他们有时也会忘了自己有自主权。他们时常需要某样事物提醒自己所拥有的目的，他们与教区居民的深交，以及他们与基督的紧密联系。充满挑战性的管理事务损坏了他们对竞争力的感受。然而，当他们从“优秀的领导者，优秀的引路人”学习计划中毕业时，他们习得了有效管理的技能，并对竞争力有了更深刻的感受。

在长达 22 个月的学习过程的一开始，牧师们就在采取措施转变自己的激励前景。他们进行了自律，并在运营相当于一个中等企业的事业中开始关注自己的感受和情绪，这些都属于前面提到的“最佳选手”的范畴。他们挑战潜在的、固有的价值观，并花时间反思自己成熟的价值观。他们拟出符合自身角色的、表示目的的词句。他们设定有意义的目标，并使它与教区目标、教堂与大主教对他们的期望均保持一致。他们挖掘自身的个性与天生的行为模式，并了解为什么他们在做某些事情时会投入比其他事情更多的精力。

超过两千名牧师通过“优秀的领导者，优秀的引路人”学习计划明白了自己该如何从次最佳激励前景转变到最佳前景。他们的转变将挫折以及在管理职责上耗费的能量都降到了最小，并将愉悦以及花在牧师职责上的时间最大化，毕竟他们从事这个神圣职业就是为了履行牧师的职责。马特说，牧师们逐渐意识到自己不应该只关注于“把事情做完”，而是问问自己为什么要做这件事，这一点很重要。“牧师们发现自己似乎获得了重生。最终，他们用信念塑造了自己的专注力、价值观和目的，并且他们通过这些就会意识到自己有必要在这里建造天主教的王国”。

玛吉·布兰卡德博士

形成良好意图

玛吉·布兰卡德是肯·布兰卡德公司的联合创办者。多年以前，作为公司总裁，玛吉积极倡导主管与员工之间应该定期安排一对一的正式会议，这样可以提升他们的关系并强化公司的旗舰计划，即“情境领导Ⅱ”及“情境自我领导”。玛吉有些羞怯地跟我解释道，要想让一对一的会议成为公司文化不可分割的一部分，需要做出什么努力：“我们不得不向主管支付额外的钱来做这件事。每位主管每两周与下属进行一次一对一的会议，并直接向我们提交报告。每提交一次，我们就支付对方200美元。对于付钱的事，我并不引以为豪。但我感到自豪的是，这些一对一的讨论在今天成为了我们的文化核心，因为人们认识到了他们的价值观”。

我想立即指出，玛吉的方法起到作用并不是因为她向主管们支付了报酬，而是因为她在实施自己的提议时，能够让人们在最佳激励前景里看到它的好处。她向人们解释：“我们相信，这项措施对于建立成功关系、尊重我们的价值观以及成为我们客户的优秀模范至关重要，所以我愿意在一年的时间里支付你们酬劳，让你们做这件事。这一年过后，我相信这件事的价值会不言而喻”。我从一开始就对此予以关注。我能证明，一年过后，事情果然变成了玛吉所说的那样。

如果你觉得有必要增加有利条件来吸引人们尝试对他们有益的东西，玛吉建议你需要注意自己提建议的方式。

- 关注你想要看到的行为。
- 向人们表明，你能感觉到他们所担忧的事情会影响到他们。
- 或许你最需要提醒人们，奖励并非像胡萝卜一样促使他们服从管理，而是折射出你有多么相信做这件事会带来裨益。

请勿将金钱仅仅看成一种奖励。你应该利用它来表明这些行为、目标或活动对于下属以及组织机构有多么重要。

玛吉还提到：“今天，我们不再通过奖励来促使人们完成公司需要做的事，而是让主管们开展激励前景对话。与用胡萝卜讨好人们比起来，一个强健的前景对话是一个更健康的替代方法”。

斯科特·里格比博士，理查德·瑞恩博士以及爱德华·德西博士

与目的感同乐

斯科特·里格比博士，理查德·瑞恩博士与爱德华·德西博士均为Immersyve公司的联合创办者。他们致力于在游戏、教育、组织机构行为和医疗保健领域里研究并应用激励这一门科学。

爱德华和理查德是自我决定论的创立者，他们或许是世界上最杰出的激励研究者。那么，他们为什么会研究“游戏”呢？这与领导力有什么关联吗？

首先，如果你从没玩过线上的、互动式的游戏，那么你属于少数人。在美国，游戏收入几乎是电影的两倍。销量最好的电子游戏《魔兽世界》创收超过100亿美元，而长时间以来占据排行榜首位的电影《阿凡达》票房收入还不到30亿。理查德解释道：“游戏拥有不可思议的激励效果。”我们越是能理解人们对电子游戏的狂热背后的深层心理状态，我们就越能掌握那种能量来加强教育、培训、社交技能及领导技能的发展。

领导者们尤其感兴趣的其中一个方面就是不断扩大的“游戏化”现象。游戏化在销售领域逐渐变得流行，这一点也不奇怪。过去的传统销售领域利用外在的刺激措施来提升销量，因为人们相信大多数销售人员会受金钱、旅行和胜利所激励。但讽刺的是，游戏化受到了人力资源部门的欢迎，而这个部门最希望提升员工的健康和幸福感。毫无疑问，游戏能够促使人们更高效地工作，这一点被越来越多的组织所认可。但Immersyve的

专家对于实施游戏化战略却不深入考虑激励科学（尤其是本书基于自我决定论所展现的科学理念）提出了警告。

一提到游戏化，斯科特指出：“很多公司在引入游戏化时过于仓促，结果他们将游戏机制的策略混淆为游戏的目标。他们将公司内网用于销售，或者将人力资源转变成游戏或比赛，这些都会使高层在做决定时有失考虑，并盲目发放徽章和奖励，而忽视了工作体验。这些策略不仅无法保持激励或建立价值，而且还会破坏与雇员之间的联系，因为它传递的信息是，价值存在于这些徽章和业绩得分里，而不是在你公司业务的实质或员工的健康状况里”。

如果你正在考虑用游戏和比赛来“激励”员工，斯科特、理查德和爱德华将为你带来两条重要建议：

- 不要从目标出发来创造一种游戏方式——而是以意图出发创造出一个良好环境，使得人们在其中能受到最佳激励，并保持工作积极性。斯科特解释道：“精心设计并投入使用的游戏会促使人们真正满足自己对自主权、人际关系和竞争力的需求。你需要告诉员工的是，价值观存在于你的公司以及公司为他们带来的东西里，而不在徽章或飘扬在上空的五彩纸屑中。为了传递这个信息，你必须首先理解人类激励的本质，这很重要”。

- 思考奖励与激励的区别——这两个概念完全不同，甚至完全对立。研究表明，如果游戏的本质是通过奖励来强化工作表现，而不是认可并支持内在的动力因素，那么这个游戏不会带来愉悦感，不会让参与者投入其中（这会强化多人之间的比较与竞争），不会使参与者下一周还愿意接着玩（表示持续的参与度和自主权），也不会使参与者愿意玩这个游戏组织者开发的更多游戏（折射出忠诚度和人际关系）。

爱德华最早研究了金钱奖励与内在激励。根据他的说法："给予奖励并期望强化他人的工作表现，这会损害职场里短期的学习和长期的游戏及目标的参与度。然而，人们会发现很多活动本身值得去做，并且它们能满足自己深层的需求，只要他们的自主权、人际关系和竞争力得到了游戏以及上司的尊重、鼓励和支持"。

常见问题

1. 是否有一个适合给予奖励的时间？

外在奖励或许不合适，但你可以自行决定它们是否合适。比如，FAA（美国联邦航空管理局）拿出一万美金奖励那些举报他人在飞行中使用激光设备的人。在机上使用激光所造成的危险对于飞行员、乘客以及地面民众都非常巨大，无法忽视。你为了一万美元出卖了一个朋友，这听起来让人难过。但更让人难过的是，你明明知道有人在用激光设备威胁其他乘客的生命安全，却不做出行动阻止他们，或者举报他们，而这些都是你应该做的事。如果人们没有足够的自律并基于专注、成熟价值观或崇高的目的来做出正确的事，那么奖励就变得很有必要。

2. 我需要人们达成目标，并在截止日期前完成我交代的任务。如果我不将人们置于强加的激励前景中，我该如何清楚地向他们表达我的期望？

作为领导者，你有责任确保人们能够达成组织机构的目标。但你能够设计那些目标（或者帮助他人重塑这些目标），使得这些目标对于个人来讲更有意义，与他们的生活更加息息相关。

我们永远摆脱不了“分配的任务”以及“截止日期”这两样东西。然而，领导者们可以将截止日期转变成必要的、有帮助的信息。他们可以鼓励个人将截止日期转变成有价值的信息，从而更有效地分配自己的工作时间，做出深思熟虑的选择，并决定什么是需要优先处理的事务，什么不是。

3. 为什么你提到了次最佳和最佳激励前景，而不是提外在和内在的激励？

外在—内在模型证明了传统的激励方式简直错得离谱。然而，这种简单的两面性很难在实际中得以应用。实际上，一个人一整天的工作有多少受到了纯粹的内在激励呢？最新研究表明，某些形式的外在激励所带来的裨益与内在激励所带来的几乎一致，甚至质量更高。它们都体现在激励范围模型中的均衡以及整合的激励前景中。基于价值观、有意义的目标和目的感而转变到一个最佳激励前景，这会使人们能够充分利用内在激励的好处，即使他们受到的激励不完全来源于内在因素。

4. 在人们的话语中能否找到有关他们激励前景的线索？

可能折射出次最佳激励前景的短语或思想包括以下内容：

我不得不……

我必须……

我应该……

他们要求我去做……

因为我的职责就是去做……

我拿薪水就是为了做……

如果我不做……的话我会感到遗憾

我不想让你失望

我必须遵守规则

我想让你感到骄傲

我害怕让你失望或者让我自己失望

结果最重要

这是我欠你的

而可能折射出最佳激励前景的短语或思想包括以下内容：

我要做……

我决定了要去做……

我很幸运，我可以做……

我选择做……

我已经做出了选择，去做……

我早就该做……

我能够做……

我很高兴能……

能够基于我自己的价值观做事，我很荣幸

这纯属私事，我看重我们之间的关系

做这件事会让我成长和学习

这是我决定要做的

我喜欢这件事

对此，我的看法是……

我决定遵守规则

我理解我做这件事背后的目的

我为比自己更重要的事情做出了贡献，我感到很愉快

5. 年轻人的价值观快把我逼疯了。他们宁愿在网上和朋友们待一块儿也不愿意出去工作，因为他们的父母会帮他们付清各种账单。我该如何激励这一代人？

如果你不知道如何激励年轻一代人，请不要绝望。请记住，激励他人没有效果——这跟激励哪一代人没关系。同一时代出生的、处于同等社会阶层中的人很容易秉持同样的、固有的价值观。作为领导者，你需要做的就是帮助他们探索固有的价值观，并开发出有意义的价值观。这些有意义的价值观是自由选择的替代品，选择它的人能够理解这些替代品的结果，珍惜它，重视它，并长时期以它为准则做事。请你花时间帮助年轻人有意识地发展他们的价值观，这会帮助他们将其所在的环境与那些价值观以及目的感联系起来，从而促进他们转变到最佳激励前景。

6. 为什么你说竞赛不起作用？人们似乎会对其有所反响，而且竞赛能够让人们注意到他们一开始或许没有兴趣去探索的事物。

如果你用竞赛来“激励”他人，问问自己为什么。如果这只是为了创造一次有意思的体验，像一场嘉年华一样，那么这没问题。然而，如果你进行竞赛是为了让他人注意到一个重要信息，或者鼓励某种行为，那么这种竞赛就有风险。它们让人分心，让他们把注意力放在竞赛或奖品上，而忽略了你真正要表达的信息。比赛结束后，你还需要他们继续保持注意力，或者以某种方式继续工作吗？如果你确实需要，请你花一些时间和精力，基于自身价值观，对你要求他们做的事情给出一个合理的解释。请思考，人们如何能通过完成你交代的任务来更好地满足自己对自主权、人际关系和竞争力的心理需求。竞赛又简单又快捷，还能立刻看到人们的反应。为了避免举行一场游戏或竞赛这样的垃圾食品般的激励方式，请参考斯科特·里格比与理查德·瑞恩的共同著作《游戏心理学》（Glued to

Games）。

7. 为什么竞争不是一件好事？优秀的运动员、厨师和销售员似乎都通过竞争脱颖而出，得到发展。难道它无法表现出一个人最好的一面吗？

如果你深入研究任何领域的超级明星光鲜表面背后的故事，你会发现他们参与竞争的首要原因更多地出于他们自己的选择，他们选择花时间和精力来达成某种成就（自主权）；带有一种目的感、情谊和服务（人际关系）；让自己变得更优秀（竞争力）；或者做自己选择去做的事纯粹出于乐趣。他们或许会说，获胜就意味着一切，但他们真正想说的是获胜能够带来信息。获胜和失败在得分板上都能体现一些信息，他们就能凭借这些信息来做出更好的选择，决定自己将如何继续成长和学习，并找到更好的方式来服务顾客、队员或拥趸。就算你不是明星，你也会明白带来改变的并非竞争本身，而是竞争的原因。了解这一点后，你就会从中受益。

致　谢

我们每个人都对自身激励前景的质量负责，而与我们来往的人们在最佳激励前景中自律时，他们就会有所改变。

这里感谢的一部分人偶然进入了我的生活，而其他人则是我有意识地选择与之来往。他们通过对我的鼓励、洞悉和支持帮助我创造了这样的美妙生活。我希望在某些方面，我与他们对彼此都拥有这样的感受。（我还希望，如果下面的名单漏掉了你，请你原谅我，并相信我依然重视你的意见）。

我在肯·布兰卡德公司的大家庭：

- 若没有我们的最佳激励产品开发团队，这些观念依然只是梦想而已。团队成员：杰伊·C、凡妮萨·G、克里·S、迈克·G，尤其要感谢加里·昂斯塔德以及维多利亚·卡特勒。
- 我的来自CHOMP（健康的最佳激励实践者社区）的同事，尤其是埃尔斯·K、朱迪斯·D、卡拉·C、马克·P、彼得·B、莱尔·G、大卫·C、约翰·L、约翰·H、南希·B、乌苏拉·L、贝琳达·B以及杰奎琳·R。
- 决策英明的业务发展员，也是早期适应激励观念的人，尤其是劳里·R、凯琳·C、温贝托·M、卡罗琳·G、查德·G、黛比·C、史黛西·S、杰基·G、卫·T、约翰·S、吉姆·O、尼尔·S以及布伦达·N。

● 我们的全球伙伴，尤其是拉姆斯、马吉克、亚历山大以及斯皮罗。

● 所有的项目经理以及支持者，包括布伦特 · B、简妮 · F、凯茜 · H 以及乔尼 · W。

● 布兰卡德营销团队：大卫 · W、布莱恩 · A、温迪 · W 以及丽莎 · M。尤其感谢帕特里克 · P。

● 拥有成熟价值观的客户，他们的案例出现在整本书里。特别感谢埃利纳 · L、汤姆 · P、乔茜 · P、马丁 · B、苏珊娜 · K 以及谢丽尔 · M。

我可以将这些名字写满一本书。这真是美妙的生活！

● 天主教领导力研究院——学习中的领导者，马特 · M、比尔 · F、以及丹 · C。

● 贝雷特—科勒出版社（Berrett-Koehler Publishers，简称 BK）——这本书得以面世的原因。感谢尼尔 · M；我的指导者杰旺 · S；BK 价值观的支撑者斯蒂夫 · P。感谢产品团队和营销团队，尤其是戴安 · P、莎伦 · G、贝弗利 · B、科特尼 · S、克莉丝汀 · F、凯蒂 · S、凯特 · E、迈克 · C 以及夏洛特 · A。

● 在圣迭戈大学举行的“行政领导科学”培训课程——感谢我们的学生、教职工以及很棒的团队，感谢你们在过去的 15 年顺利运营这样一个充满活力的学习实验室，尤其感谢克里斯汀娜 · D、吉娜 · F 以及布丽姬特 · B。

● 令人尊敬的同事，以及充满创意的合作者——艾琳 · H、迪克 · T、特鲁迪 · P、杰特 · B、玛莎 · L、肯尼 · T、杰斯 · S、宝拉 · D、克里斯 · E、卡罗 · S、菲尔 · R、凯丽 · N、里卡多 · M、科特 · G，以及 SDT 社区，尤其感谢雅克 · F 与玛利琳 · G。

● 我的“孩子们”，他们在书中以真实的、比喻性的以及可爱的形象出现——亚莉克莎 · T、布莱尔 · C、格兰特 · C、丽莎 · Z，莱恩 · T 与伊维 · T。

● 我的公共关系团队——卡韦 · 亨里克斯通讯公司（Cave Henricks

Communications）以及谢尔顿文化传媒公司（Shelton Interactive）——芭芭拉·H、罗斯提·S以及杰西卡·K。另外还感谢威文影响力公司（Weaving Influence）——贝基·R与凯拉·F。

我最需要感谢的是与我共同开拓最佳激励领域的同事，大卫·费希博士以及德瑞·齐格密博士：

- 大卫的专业知识以及深入探索这些观念的能力对我个人来讲极其重要，对于本书探讨的激励范围模型以及该概念框架的有效性也很有必要。大卫将这些观点提到了新的高度。
- 我永远的伴侣德瑞·齐格密，他的爱和智慧让我的生活更上一层楼。

资源

肯·布兰卡德公司

肯·布兰卡德公司®在职场学习、生产力、工作表现以及领导效能等领域处于全球领导者的地位，其更是因“情境领导® Ⅱ”系统而闻名，该系统是全球最为广泛教授的领导力模型。接受布兰卡德公司的产品及服务的对象包括财富500强企业、中小型企业、政府，以及教育与非营利机构。

布兰卡德®研讨会和经验支撑了该书诸多观念，包括：

- 最佳激励®
- 在最佳激励前景中领导他人
- 情境领导® Ⅱ
- 情境自我领导

- 发现自我，发现他人
- 给予并接受最佳反馈
- 目标设定

若需要咨询作者苏珊·福勒或其他领导专家有关研讨会、咨询会以及主题演讲的相关事宜，请联系肯·布兰卡德公司全球总部：

125 State Place
Escondido，CA 92029
www.kenblanchard.com
美国境内拨打：1-800-728-6000
全球地区拨打：1-760-489-5005

更多有关苏珊·福勒的信息

请访问苏珊的个人网站 http://www.susanfowler.com 进行免费评估、获取额外资源以及阅读个人博客。你也能在线上和书店里查找到她的著作，包括：

- 《自我管理和一分钟经理》（Self-Leadership and the One Minute Manager），与肯·布兰卡德和劳伦斯·霍金斯合著。
- 《释放领导天赋》（Achieve Leadership Genius），与德瑞·齐格密和迪克·莱尔斯合著。
- 《卓越的领导》（Leading at a Higher Level），与肯·布兰卡德及同事合著。
- 《优秀的领导者，优秀的引路人》（Good Leaders， Good

Shepherds），与迪克·莱尔斯、蒂姆·弗拉纳根以及德瑞·齐格密合著。

同时，苏珊也是 Leader Chat.org 的客座博客作者。

大卫·费希，哲学博士学位——领导力培训师，圣迭戈大学副教授，“最佳激励”及“激励范围”的合著者之一。

大卫·费希与公司高管以及企业家们共同创造出惊人的工作业绩，为了自己，为了团队，也为了整个组织机构。这通常包括发展特殊观察力和技能，从而在组织机构中应对各种职场问题。他的“激活潜力”博客很受欢迎，网址为 www.activatepotential.com。你也可以在他的领英主页浏览更多信息，网址为 www.linkedin.com/in/davidfacerexecutivecoach。

德瑞·齐格密——“最佳激励”及“激励范围”的合著者之一

德瑞·齐格密是肯·布兰卡德公司的首席研究员及联合创建人。你可以通过布兰卡德官方网站 www.kenblanchard.com 联系他，了解他最新出版的学术期刊相关信息。他的著作《心中的领导者》（The Leader Within）对于所有想认真学习最佳激励的人来说都是一本必读的书。他目前正在撰写一本有关职场公平的书。

值得推荐的、引入了最佳激励原则的领导力培训计划：

- “掌握行政领导科学”，圣迭戈大学，http://www.sandiego.edu/business/programs/ms-executive-leadership
- “优秀的领导者，优秀的引路人”以及“管理人才”，天主教领导力研究院，http://www.catholicleaders.org

本书简评

对《这样的激励才有效》一书更多赞许的声音：

“我鼓励领导者们阅读这本书，但有一点需要注意，他们从书中获得的东西可能会超出他们的想象。我学到了有关自身动力的很多内容，也学到了有关员工动力的相关内容”。

——M·保拉·达奥斯特博士，堪萨斯州“蓝十字和蓝盾”（Blue Cross and Blue Shield）保险公司主任。

“如果你和我一样相信人们都处在不断学习的过程中，他们愿意成长，喜欢自己的工作，工作高效，能为公司带来有益的贡献，并建立长久的关系，那么你一定要读这本书。苏珊为我们带来了一系列可利用的工具和方法，确保你公司里的每一个人都释放出所有潜力”。

——迪克·莱尔斯，原点娱乐公司（Origin Entertainment）首席执行官。

“我们都想激励自己所领导的员工，帮助他们在高效的工作环境中不断发展和成长。苏珊·福勒描述的技巧展示了正确的方法，为你带来最佳工作业绩，并让员工保持对工作的热忱”。

——艾格尼丝·珍巴特，海湾地区联合利华公司（Unilever）设备主管。

“如果你今年只想读一本书，那么请读这一本！”

——罗伯特·L·洛伯博士，Lorber Kamai 咨询集团董事长。

“苏珊在书中表明，激励员工的秘诀并非‘软硬兼施’。她的方法帮助我通过一种愉悦的方式引导病人、员工和我自己达到更加健康的状态。我愿意向所有人推荐这本书！”

——劳拉·李·科普兰，加拿大多伦多市汉伯河医院（Humber River Hospital）院长，工商管理硕士，美国急诊医师协会认证会员，急救医师和医药信息主任。

“领导者们拥有很多绝佳的机会，其中之一就是帮助员工创造价值。苏珊的书向我们展示了应该怎样做才能达到这个目的”。

——米内·萨蒂斯，东欧、中东与非洲区培训与发展主管，来自土耳其伊斯坦布尔罗氏（Roche）生物科技公司。

“你是否想过这个问题：是什么让你的顾客、客户、商业伙伴和雇员继续与你保持联系？苏珊让你明白了其中的各种原因，还告诉你该如何让他们下定决心继续这样做”。

——汤姆·波特，美国川崎重工业株式会社（Kawasaki Motors Corp.）人力资源部和行政部主管。

“这本书帮助读者思考这个问题：是什么让他们不断前行，并使其他人也愿意这样做。将苏珊写进书里的东西转变成习惯是非常重要的”。

——马里奥斯·卢塞德斯，塞浦路斯首都尼科西亚“塞浦路斯贸易集团公共有限公司”（Cyprus Trading Corporation Plc）的首席执行官。

“没有激励人的‘按钮’，没有激励人的演说，没有胡萝卜（奖励），也没有大棒（惩罚）；相反，苏珊提出，我们需要提高对自己的认识，时刻留心自己的言行，并整合价值和目的。我们应该多听而非多说，并寻找正确的问题而非正确的答案”。

——马吕斯·塔纳斯，Farmexpert 公司执行理事。

“一些观点非常超前：‘最佳激励’就是其中之一，它足以让你感到震惊，并让你在激励他人时摒弃过时的套路。它是这几十年以来最具革命性的激励理论”。

——安德烈·福苏尔，罗马尼亚“罗氏糖尿病护理”（Roche Diabetes Care）的区域经理。

“苏珊的书既发人深省，又贴合实际。她成功地实现了我作为一个领导者曾有过的憧憬：我如何能让人们去做我认为他们本应想做的事——成长，发展，并发挥他们自身的潜力？苏珊的方案很容易实施，注定会成功”。

——桑塔普特·B·米斯拉博士，埃迪亚贝拉集团（Aditya Birla Group）炭黑业务首席执行官兼公司人力资源部主管。

关于作者

苏珊·福勒致力于帮助各种层次的领导者茁壮成长并获得成功。作为众所周知的、首屈一指的人类动力及个人激励专家之一，苏珊的渊博知识来源于对商业、广告业、销售、生产、营销、行政与生活方式培训，以及领导力培训等领域的广泛涉猎，地区覆盖全美 50 个州以及 40 个海外国家，客户包括谷歌（Google）、哈雷戴维森（Harley-Davidson）、川崎（Kawasaki）、辉瑞（Pfizer）、默克集团（Merck）、品牌店 T.J. Maxx、加拿大伟文（Reitmans of Canada，成衣采购、零售品牌）、全美篮球协会（NBA）、阿克苏诺贝尔（Akzo Nobel），以及苹果（Apple）。

苏珊是肯·布兰卡德公司里《创新的最佳激励体验》的合著者之一，也是情境自我领导的创建者以及首席开发者。情境自我领导是该公司最优等的自我领导以及个人提升的培训项目。她因自己的指导设计理念而被北美模拟与游戏协会授予终身成就奖。

苏珊是三本肯·布兰卡德出版的书的合著者：《自我管理和一分钟经理》（Self Leadership and the One Minute Manager）、《卓越的领导》（Leading at a Higher Level）以及《充能》（Empowerment）。她参与合著了《释放领导天赋》（Achieve Leadership Genius）、《每天给团队领导者一个新观点》（The Team Leader's Idea-a-Day Guide），以及《优秀的领导者，优秀的引路人》（Good Leaders，Good Shepherds）。她还参与撰写了有声课程《克服

拖延症》(Overcoming Procrastination) 以及《指导》(Mentoring)。

苏珊与丈夫德瑞·齐格密居住于圣迭戈，她在当地的肯·布兰卡德公司担任高级咨询合伙人、领导力咨询师以及培训师；在圣迭戈大学的“掌握行政领导科学”培训项目中担任教授。苏珊还是“天使面孔”的轮值董事会成员，这是一家非营利机构，专门为受到严重烧伤以及毁容的青春期少女提供服务。